JEAN RAYMOND 1964

INVENTAIRE
Y² 1481

POISSY. — TYPOGRAPHIE ARBIEU.

LA FEMME

DE

VINGT-CINQ ANS

SCÈNES ET RÉCITS

PAR

XAVIER AUBRYET

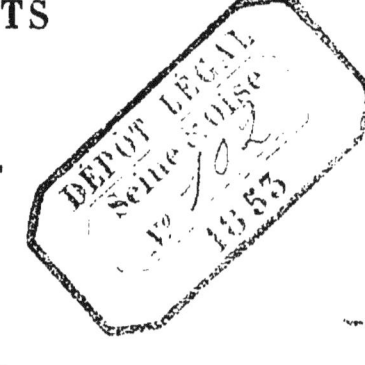

Les moyens justifient la fin.
Comme on fait son lit on se couche.
..... Passionnément, pas du tout.
Méphistophéline.
La pluie.
Les petites inégalités.

PARIS,

D. GIRAUD ET J. DAGNEAU, LIBRAIRES-ÉDITEURS,

7, rue Vivienne, au premier, 7

Maison du Coq-d'Or.

—

1853

LES MOYENS JUSTIFIENT LA FIN

APHORISME EN DOUZE TABLEAUX

PERSONNAGES

Monsieur EDMOND MÉLILOT, ex-juge d'instruction, 43 ans.
MAXENCE D'AGNÈS, 25 ans.
CONSTANTIN, son valet de chambre, 19 ans, Limousin.
TRISTAN DE RUPPÉ, un des amis de d'Agnès.
Madame EDMOND MÉLILOT, 2... ans.
ADELINE, sa femme de chambre.
Madame DU ROURE, tante de de Ruppé.
Madame MÉNILMONTANT.
Madame TARDENOY.
Madame CLÉMENT.

LES MOYENS
JUSTIFIENT LA FIN

PREMIER TABLEAU.

Appartement de garçon. — Rue de la Bruyère.

MAXENCE, CONSTANTIN.

MAXENCE, *jetant un cigare et parcourant une épigraphe.*

« — *Quand l'homme croit être son maître, il est encore l'esclave de ses passions.* » — Des passions ! (*Il hausse les épaules et se lève.*) — Quel anachronisme ! — Est-ce que nous avons des passions ? — Des habitudes, tout au plus. (*Il se promène; on entend chanter dans un cabinet voisin. — Il s'arrête pour écouter; la voix s'enhardissant peu à peu :* Ses grands sourcils noirs sont à moi !) — Ah ! voilà monsieur Constantin qui recommence ! Où a-t-il mis ma cravate gris-souris ? (*Il cherche.*) — C'est un garçon très-honnête, mais il abuse de sa probité, (*avec réflexion.*) depuis quelque temps surtout. — Je ne la trouverai pas ! — (*Avec explosion, devant une armoire à glace.*) —

C'est absurde! — Quand vous êtes beaucoup moins laid, un peu moins bête que les onze douzièmes de vos contemporains, que vous avez vingt-cinq ans, une santé très-obéissante, un tailleur très-humble, un crédit populaire, un nom passable; enfin tout ce qu'il faut pour vous aventurer dans quelque belle extravagance, et qu'avec tout cela vous restez le plus terne et le plus plat des égoïstes, — n'aimant quoi et qui que ce soit — à peine votre chien! — il y a des gens qui vous disent avec un sourire très-fat : « — Vous êtes bien heureux, allez! » — Ces mêmes messieurs, un quart d'heure après, baisent avec adoration, chacun de leur côté, une petite rosette de cheveux, appartenant à la même tête, — pleurent trois lettres par jour, — se désolent, rient, font des chutes, remontent au huitième ciel, et ne s'appartiennent plus! — Expropriation charmante! — (*Crescendo dans le cabinet* : Qu'elle est superbe en son désordre!) Mais au moins ils ne s'aperçoivent pas de la vie; moi, en m'amusant je m'ennuie! Paris m'est odieux! Mes amis! — Je les sais par cœur et je les réciterais! — Les gens mariés me plaisantent; on me dit souvent : « Ah! c'est beau, à votre âge, de savoir se commander! » — (*La voix tonnant* : La marquesa d'Amaëgui!) Quel fléau que les domestiques lyriques! (*Ouvrant la porte.*) Constantin! est-ce fini, Constantin?

CONSTANTIN.

Monsieur appelle?

MAXENCE.

Où avez-vous mis cette cravate qu'on m'a apportée hier?

CONSTANTIN.

Ah! bien, monsieur. — Si monsieur voulait que je sorte une heure ou deux?

MAXENCE.

J'ai besoin de vous; qu'est-ce que vous avez à faire?

CONSTANTIN, *rougissant.*

Je me vois forcé d'avoir des secrets pour monsieur.

MAXENCE.

Des secrets! — Bah!

CONSTANTIN, *rouge comme un nez d'Anglais après boire.*

Oui, monsieur.

MAXENCE.

C'est égal, — il a de bons instincts. — Qu'est-ce qui l'empêchait de me répondre : — « Est-ce que je ne suis pas un homme comme vous? » — Allez, Constantin.

CONSTANTIN.

Voilà la cravate de monsieur. (*Il sort.*)

MAXENCE.

Où diable va-t-il ? — Il a un air tout mystérieux. — Je serais assez curieux de savoir. (*Il entre dans le cabinet où couche Constantin et ouvre un tiroir.*) Un ruban! — Ah! mais, c'est singulier, voilà un ruban délicieux. (*Il le garde.*) — Une touffe de réséda desséchée, — cela a bien huit jours. — Voilà pourquoi la semaine a été si mauvaise pour moi! — Ce garçon-là risque sa cervelle! (*Il fouille.*) Une lettre commencée. (*Il hésite.*) Au fait, les domestiques lisent bien les nôtres quand elles sont finies!

« Ma grande bien-aimée,

» Voilà huit jours que je ne ferme plus l'œil; plus je me
» couche de bonne heure, plus je pense à toi; je pense à toi
» en faisant la chambre de monsieur. » — Cela se voit. — « A
» toi en battant ses habits; à toi partout. Je ne mange plus
» qu'une fois de tous les plats; j'ai toujours des coliques, mais
» je suis bien heureux! Ne me repousse pas, ange chéri, car
» ma vie ne serait qu'un trépas... » — Il est heureux! Com-

ment, ce nigaud-là avec ses cheveux jaunes et ses yeux bleu de billard, il aime et il est aimé? — Et moi, son maître, à quoi passé-je ma jeunesse? — La Maison-Dorée, le théâtre et le baccarat, le lansquenet, les coulisses et le café de Paris! — Qu'est-ce que nous ferons à soixante ans? — Si nous avons jamais soixante ans! (*Il rentre chez lui.*) — Ah! j'ai le cœur plein d'amertume; déborde, mon cœur! (*Il écrit.*)

« Madame,

» La plus solide preuve d'amour que l'on puisse donner à
» une femme, c'est de ne pas l'avertir qu'on l'aime. Cette
» preuve, madame, voilà trois mois que je vous la donne; je
» vous ai suivie, épiée, admirée, — vous n'en avez rien su.
» Après quatre-vingt-dix jours d'abnégation, un quart d'heure
» d'égoïsme doit bien être permis. Pardonnez-moi, madame,
» parce que j'ai peu péché, et songeant que pour les choses
» de tous les jours le langage est le même que pour les grands
» événements, ne regardez pas comme une banalité pas-
» sionnée cette proposition si riche d'idées : Je vous aime! —
» la vraie passion a de l'éloquence sans le savoir; je me confie,
» madame, à la sincérité de la mienne. Un mot de vous, qui
» me délivre des plus respectueux remords.

» MAXENCE D'AGNÈS.
» 3 bis, rue de la Bruyère. »

(*Respirant.*) Ah! (*Il la relit.*) — C'est décent. — Un peu léger de fond; mais cela se pèse dans la balance de l'amour-propre. — A qui vais-je envoyer ce bulletin. — (*Avec étonnement.*) Personne? — (*Avec accablement.*) Personne! — Madame Ménilmontant? Elle est si maigre, — amour de carême. — Madame Clément? — trop *attachée à ses devoirs.* — Madame Tardenoy? — trop détachée. — La petite Pontfauvy! — Elle est charmante celle-là; c'est le seul ménage qui ne soit pas un contre-sens. — Ils s'aiment pour de bon! — Voyons donc!

— On doit trouver cela. — C'est que je veux me ranger. — Le théâtre. — Beau triomphe ! j'ai épuisé les terminaisons en *a* et en *o*, pas même un feu de paille !—(*Jetant les yeux sur l'Almanach Bottin.*) Ah ! bah ! — J'ai un guide sous la main ! (*Il ferme les yeux et ouvre le livre.*) — Où ai-je posé le doigt ?

1850.
Sixième chambre.
Juge d'instruction.— M. EDMOND MÉLILOT.
Rue du Petit-Harlay, 7.

Fort bien. (*Écrivant.*)

Madame EDMOND MÉLILOT.
Rue du Petit-Harlay, 7.

Très-pressé.

Constantin n'est pas là, — tant mieux ! — Je serai sûr au moins une fois d'être bien servi. — Ah ! me voilà avec un grand poids de moins sur la conscience. (*Il sort pour mettre la lettre à la poste.*)

DEUXIÈME TABLEAU.

La Cité. — Neige fondante. — Il va être quatre heures du soir.

MAXENCE, *sans parapluie, battant le trottoir du quai des Orfévres.*

Quatre lettres ! — Six bouquets ! — Sans réponse ! — Au moins qu'on soit poli. — Voilà la première fois ! — Une déclaration timbrée, c'est du pain quotidien et qu'on demande à Dieu de ne pas vous donner; — mais des violettes blanches au cœur de décembre,—tout un arrondissement défriché,—c'est assez rare pour qu'on vous jette au moins à la poste un : Vous êtes un insolent, je vous remercie. » — (*La neige redouble.*) Quel temps ! — Mais n'importe, quand quatre heures sonneront, je me plante sous le numéro 8, inamovible comme le 7, son vis-à-vis ! — (*Quatre heures sonnent.*) — A quatre heures un quart ! — Il faudra bien qu'elle sorte ou qu'elle rentre ! — Si elle reste chez elle ? — Une trombe à présent ! — J'ai les pieds dans la neige fouettée; je parle tout haut, je simule avec mes gestes une dépêche télégraphique. — Tout le monde doit dire : « Voilà un jeune homme qui fait ses premières armes ! Il choisit bien son heure. » — Si quelqu'un me voyait ! (*Reprenant.*) Si elle reste chez elle, je la devinerai à travers les rideaux. — Si son bon ange lui a suggéré l'idée d'avoir des persiennes, je m'informerai de l'étage et je sonnerai. Je demanderai n'importe qui. — J'insisterai, je ferai du bruit. J'aurai toujours le temps d'entrevoir quelque chose; un diminutif de regard, un coin de robe ! — C'est plus qu'il ne me faut. (*Quatre heures un quart.*) — Du courage ! — Le cœur me bat; ce cœur qui était arrêté, et que remonte l'imprévu; allons ! (*Il va et arrive devant le n° 7, qui est en démolition. — Avec rage.*) Oh ! trois quarts d'heure d'anxiété pour rencontrer — des matériaux ! — Il ne sera pas dit ! — (*Il frappe au n° 5.*) Monsieur Mélilot?

PREMIER CONCIERGE.

Nous n'avons pas ça ici.

MAXENCE.

Un monsieur qui était au 7.

PREMIER CONCIERGE.

Voyez au 9.

(*Au 9.*)

MAXENCE.

Vous n'auriez pas l'adresse de M. Mélilot, une personne qui habitait à côté.

DEUXIÈME CONCIERGE.

Voyez au 5.

MAXENCE.

Ces gens-là sont malhonnêtes! — Mais j'irai jusqu'au bout.

SALLE DES PAS-PERDUS.

Un monsieur avec un chapeau à larges bords, des lunettes dorées, une cravate blanche, et un énorme dossier en cuir grenat sous le bras, traverse la salle.

MAXENCE.

Pardon, monsieur.

L'AVOUÉ OU L'AVOCAT.

Monsieur?

MAXENCE.

Seriez-vous assez bon pour m'indiquer M. Mélilot.

L'AVOUÉ OU L'AVOCAT.

Un juge d'instruction?

MAXENCE.

Oui, monsieur.

L'AVOUÉ OU L'AVOCAT.

Il a été appelé à d'autres fonctions! (*Il ne salue pas et s'en va.*)

MAXENCE.

L'almanach avait pensé qu'il serait replacé. (*Il redescend.*) — Il est écrit que je ne les trouverai pas! Je me multiplie par trois. — Je figure dans plusieurs bals par soirée! en voilà dix-huit! — J'achète des renseignements. — Personne ne connaît monsieur et madame Edmond Mélilot. (*La neige augmente. — Il se trouve devant Notre-Dame. — Il entre. — Six jeunes filles en blanc, avec un ruban azur en écharpe, traversent la nef, un gros bouquet à la main.*) — Voilà mes violettes ! Je reconnais la robe du bouquet. Qui est-ce qui les a transplantées ici. — Je suis sanctifié ! — Après cela il y a des dévotes des quatre saisons ! — J'ai commandé mes fleurs dans ce quartier. — Virginie, ce doit être là. (*Il se retourne.*)

VIRGINIE LIEUTENANT.
Plumes et fleurs.

(Le magasin est fermé et on lit écrit à la craie sur la devanture : *Armes données*.)

Encore si Ruppé était chez lui. (*Il fait signe à une voiture.*) Cocher, 25, rue du Bac.

TROISIÈME TABLEAU.

Dix heures du matin. — Route de Versailles. — Une belle gelée.

MAXENCE, TRISTAN DE RUPPÉ, *à cheval*. CONSTANTIN, *à cheval derrière eux.*

TRISTAN.

Es-tu content de ton nouveau domestique ?

MAXENCE.

Oh ! des certificats superbes ! mais il a des infirmités ; il est amoureux ; il en perd les bras ! Tel valet, tel maître, mon cher ; je crois que je suis malade de sa maladie.

TRISTAN.

Bah? — Mets-le à la porte.

MAXENCE, *mélancoliquement*.

Connais-tu M. Edmond Mélilot.

TRISTAN.

Qu'est-ce que fait sa femme?

MAXENCE.

Elle était dans la magistrature assise.

TRISTAN.

Je n'ai jamais été du palais.

MAXENCE.

Oui, un ancien juge d'instruction.

TRISTAN.

Ce doivent être des gens qui vivent beaucoup chez eux; je n'ai vu ça nulle part.

MAXENCE.

J'ai écrit quatre fois à cette madame Mélilot.

TRISTAN.

Des lettres? — A ton âge.

MAXENCE.

Des circulaires. — « Recevez l'assurance de ma passion la plus distinguée. » — Mais ce n'est pas tout, j'ai envoyé des bouquets.

TRISTAN.

Eh bien! on les aura mis dans l'eau.

MAXENCE.

Devine où je les ai retrouvés?

TRISTAN.

En pleine terre ?

MAXENCE.

Dans les mains rouges de six impénitentes blanches, à Notre-Dame.

TRISTAN.

C'est un malentendu.

MAXENCE.

Me voilà fleuriste d'une confrérie !

TRISTAN.

Ce n'est pourtant pas une vieille fille. — Tu n'as donc pas de données.

MAXENCE.

Pas un ouï-dire. — J'avais presque envie de m'adresser au chef de la police de sûreté.

TRISTAN.

C'est ta faute, tu vas de l'inconnu à l'inconnu. — Tu es le fils à qui son père envoyait des lettres avec cette suscription : « A Monsieur mon fils, à Paris. » — C'est de l'impertinence ! — (*Réfléchissant.*) Cependant, ce que tu me dis de ces fleurs pourra peut-être nous servir ; je te mènerai ce soir chez une de mes tantes, madame du Roure. — Elle est de toutes les paroisses, elle doit connaître ton X féminin. — On y collabore, pour de la charpie, en petit comité. — Toi qui es blessé... — tu feras ton chemin de la croix ; je te promets des détails.

MAXENCE.

Mon ami, tu grilles de me paraître brillant ; moi j'ai des goûts solides ; si nous allions déjeuner ?

TRISTAN.

Allez, Toby.

MAXENCE.

Hop, Tom.

CONSTANTIN, *dans l'éloignement.*

Adeline! — Allez, Cocotte. (*Bruit de chevaux au grand trot.*)

QUATRIÈME TABLEAU.

CHEZ MADAME DU ROURE. — RUE DE VENDOME.

Papier sombre. — Sur la table les *Annales de la propagation de la foi.* — On cause à mi-voix.

MADAME DU ROURE, MESDAMES CLÉMENT, MÉNILMONTANT, DE PONTFAUVY, ETC.; TRISTAN DE RUPPÉ, MAXENCE D'AGNÈS.

MADAME DU ROURE, *à Maxence.*

Savez-vous, monsieur, que c'est trop aimable à vous d'être venu faire pénitence avec nous. — (*La pensée entière de madame du Roure* : Il est à la piste de quelque occasion de péché!)

MAXENCE, *se récriant.*

Madame!...

MADAME DU ROURE.

Les quêtes, les sermons... — Je ne dis pas les bonnes œuvres... — tout cela n'est pas beaucoup de votre compétence...

MAXENCE.

Madame, je suis membre...

TRISTAN, *interrompant.*

Du Jockey-Club.

MAXENCE.

Et de la Société de Saint Vincent de Paul.

MADAME DU ROURE, *secouant la tête.*

Les jeunes gens d'aujourd'hui...

TRISTAN.

Parbleu, ma tante, on comprend bien que vous préfériez les jeunes gens d'autrefois.

MADAME DU ROURE, *sévèrement.*

Tristan !

TRISTAN.

Voilà dix francs pour les pauvres. (*A part.*) Il n'y a que la vérité qui coûte.

MADAME DU ROURE.

J'allais vous les demander.

TRISTAN, *à Maxence.*

Ma tante n'était que dame patronesse, elle est passée trésorière.

MADAME MÉNILMONTANT.

A propos, mesdames, vous ne savez pas, madame Mélilot nous manque pour après-demain.

CHOEUR PLAINTIF.

Que lui est-il donc arrivé ?

MADAME MÉNILMONTANT.

Elle a la grippe.

MAXENCE, *à Tristan.*

Donc elle existe, c'est cartésien.

CHOEUR JOYEUX.

Nous allons avoir des élections.

TRISTAN.

Qu'est-ce donc que c'est que madame Mélilot, ma tante ?

MADAME DU ROURE.

Mon ami, c'est une femme fort recommandable. Son fils arrive de Saumur, la semaine prochaine ; je te le ferai connaître : un charmant jeune homme ; il n'a que vingt-huit ans, déjà capitaine !

CHOEUR ADMIRATIF.

Oh !

TRISTAN.

Je le présenterai à Maxence ; il sera enchanté.

UN DOMESTIQUE, *annonçant*.

M. l'abbé Petit.

(*Maxence se lève*).

MADAME DU ROURE.

Vous nous quittez déjà, monsieur ?

MAXENCE.

J'eusse vivement désiré, madame... (*Il salue et sort avec Tristan.*)

MADAME DU ROURE.

Il me paraît fort léger, ce M. d'Agnès.

MADAME MÉNILMONTANT.

M. Ménilmontant voulait le voir, j'ai dit : Non !

UN DOMESTIQUE, *annonçant*.

Monsieur et madame Edmond Mélilot.

CINQUIÈME TABLEAU.

MAXENCE, *dans sa robe de chambre.*

Fatalité ! — Ces choses-là ne devraient arriver qu'aux autres ! — C'était mettre à la loterie, soit ; mais à celle-là aussi, on est toujours sûr de gagner quelque chose ! — J'avais un lot dans la série des femmes d'église ! — Dix-huit chances contre deux ! — Elles sont là six ou sept, sinon jolies, du moins d'âge à ce que leur plat d'argent se remplisse d'or pour un petit sourire ! — Je tombe sur une respectable mère de famille ! — Voilà du temps bien employé ! — (*Avec terreur.*) Si cette douairière allait penser ? — Ah ! le hasard est un grand professeur, et je suis un grand collégien. (*Il sonne.*) — En tout cas, je ne suis pas repoussé avec perte. — J'y gagne. — Constantin ! (*Il attend.*)

Après cela, je fais un peu comme ces gens qui s'indignent doublement contre leur étoile, parce qu'ils avaient 159 et 161, et que le numéro qui sort est précisément 160. — (*Plus fort.*) Constantin ! — Cet animal-là n'obéit plus ! — Est-ce que par hasard... (*Il sort.*) — Je m'en doutais, il n'est pas rentré. (*Constantin ouvre avec précaution la porte d'entrée, et s'avance à pas de loup.*) Faites du bruit tant que vous voudrez, Constantin, je vous entends.

CONSTANTIN, *suppliant.*

Monsieur !

MAXENCE, *gravement.*

D'où venez-vous, à une pareille heure ?

CONSTANTIN.

Monsieur, je ne me mens jamais ! S'il n'y avait eu que moi, je serais parti ; on m'a retenu, monsieur.

MAXENCE.

La vie de ce drôle est une perpétuellle surprise... — Vous êtes amoureux, Constantin.

CONSTANTIN.

C'est mon premier amour, monsieur. — Ne me donnez pas mon congé ! diminuez-moi ! monsieur, diminuez-moi !

MAXENCE.

Eh bien ! si vous ne voulez pas que je vous renvoie (*il s'assied*), il faut me raconter vos aventures. (*Il allume un cigare.*) Allez !

CONSTANTIN.

Oh ! monsieur, c'est bien simple : j'ai une connaissance dans le monde ; que monsieur ne me méprise pas, c'est dans une bonne maison.

MAXENCE.

Dans une bonne maison ?

CONSTANTIN.

C'est la femme de chambre, monsieur.

MAXENCE.

Parbleu ! — Chez qui ?

CONSTANTIN.

Une nommée madame Mélilot.

MAXENCE, *sautant*.

Mélilot ! — Un juge d'instruction.

CONSTANTIN.

Elle s'appelle Adeline !

MAXENCE.

Son âge à peu près ?

CONSTANTIN.

Trente-sept ans à la mi-carême, mais c'est pour le bon motif.

MAXENCE.

Eh non, imbécile, la maîtresse ?

CONSTANTIN.

Madame ? je ne sais pas au juste l'âge qu'elle a, mais il paraît qu'elle est d'avril, et le fils de son mari de janvier.

MAXENCE.

Son beau-fils ! son beau-fils !

CONSTANTIN.

Et joliment jolie, allez, monsieur ; même que dernièrement il y avait dans son petit salon un tas de bouquets. Monsieur Mélilot, qui revenait d'Étampes, a demandé pour qui tout ça ? — C'était pour six grandes orphelines à la procession de Noël.

MAXENCE.

Elle m'aime ! — L'adresse, Constantin.

CONSTANTIN.

Rue du Harlay, 8.

MAXENCE.

J'étais sous ses fenêtres ! — Le 5 et le 9 ! Toujours la loterie !

CONSTANTIN.

Seulement elle est brune.

MAXENCE.

Tiens, Constantin, voilà dix francs pour toi. — Je comprends tout !

CONSTANTIN.

Monsieur me lie les mains! — Je ne pourrai plus jamais le quitter!

MAXENCE.

Je vais la faire inviter chez les Pontfauvy!

SIXIÈME TABLEAU.

On danse au piano.

Messieurs DE RUPPÉ, D'AGNÈS, MÉLILOT, TARDENOY, MÉNILMONTANT, DE PONTFAUVY, etc.; Mesdames MÉNILMONTANT, DE PONTFAUVY, TARDENOY, DU ROURE, MÉLILOT, etc. — (*Il y a des robes montantes.*)

MADAME MÉNILMONTANT, *à madame Tardenoy, qui s'évente près d'elle sur une causeuse.*

Une femme bien à plaindre, c'est cette pauvre petite madame Mélilot.

MADAME TARDENOY.

Qui est là-bas, tout au fond, n'est-ce pas, en lilas, avec des cheveux noirs?

MADAME MÉNILMONTANT.

Et qui se retourne, tenez.

MADAME TARDENOY, *qui a les yeux très-petits.*

Pas mal, les yeux un peu grands.

MADAME MÉNILMONTANT.

Et la bouche, c'est par trop petit. — Elle épousa en 44 un

juge d'instruction, ce monsieur en face de nous, avec des lunettes d'écaille, qui joue au lansquenet.

MADAME TARDENOY.

Voilà de quoi rendre folle de monsieur Tardenoy. — Quel air rigide!

MADAME MÉNILMONTANT.

Ne vous y fiez pas; il est plein de bons mots! Seulement il a entendu dire que l'impassibilité dans le lazzi était d'un effet certain, et il ne se déride jamais pour mieux faire rire. — Il déteste sa femme, parce qu'on lui a rapporté qu'elle le trouvait laid.

MADAME TARDENOY.

Ah! ça, ce n'est pas sa faute.

MADAME MÉNILMONTANT.

Vous me pardonnerez, fort laid au dedans aussi. — Généreux de riens à bon marché. — Trente mille livres de rente. — Allant aux troisièmes galeries à l'Opéra. — Refusant beaucoup de choses à sa femme, — avec cela papillonnant et jouant, malgré les sifflets, les deux premiers actes d'*Oscar* ou le *Mari qui trompe sa femme*.

MADAME TARDENOY, *lorgnant le Mélilot*.

Avec qui, bon Dieu! — Tiens, quel est ce grand jeune homme qui se penche du côté de votre madame Mélilot?

MADAME MÉNILMONTANT, *sèchement*.

Un monsieur d'Agnès, un fat.

MAXENCE, *à madame Mélilot*.

Voulez-vous bien me faire l'honneur de m'accorder un quadrille, madame?

MADAME MÉLILOT.

Numéro 8, monsieur.

MAXENCE, *souriant.*

Rue du Harlay. (*Il s'éloigne.*)

TRISTAN, *lui prenant le bras.*

Viens donc gagner une centaine de francs à ce bon monsieur Mélilot.

M. MÉLILOT, *qui fait la banque.*

Il y a cent francs.

MAXENCE.

Banco. (*Monsieur Mélilot amène un refait.*)

M. MÉLILOT, *froidement.*

Deux valets. — Pour vous servir. — Je passe la main.

(*Quadrille : les Porcherons.*)

MAXENCE, *réclamant son quadrille.*

Madame ?

M. MÉNILMONTANT, *qui a invité sa femme.*

Faites-nous donc vis-à-vis, mauvais sujet.

(*Deuxième figure.*)

MADAME MÉLILOT.

Il est impossible d'être mieux mise que madame de Pontfauvy.

MAXENCE.

La personne présente est toujours exceptée, madame.

MADAME MÉLILOT.

La robe montante rentre d'autant plus dans le sentiment chrétien, qu'elle n'humilie personne...

MAXENCE, *surpris.*

Je n'ai pas, je le vois bien, madame, l'honneur d'être connu de vous.

MADAME MÉLILOT.

Mais pardon ; monsieur d'Agnès, n'est-ce pas ?

MAXENCE, *piqué*.

Ma foi, merci, madame. Vous êtes beaucoup plus chrétienne que la robe montante que vous n'avez pas, heureusement. Vous rendez sans effort le bien pour le mal. Plus j'irai loin, mieux je ferai mon salut.

MADAME MÉLILOT.

Et où comptez-vous aller, monsieur ?

MAXENCE.

Partout où vous serez, madame, invisible ou présent, vous disant, vous faisant dire ou vous écrivant ce que je souffre ; je serai non pas la fable, mais l'histoire de tout votre monde ; vous n'entendrez parler que de cela, chacun vous fera mon éloge ; je ferai la cour à madame Ménilmontant, à madame Clément, à madame Tardenoy ; je séduirai madame du Roure ; mon domestique est le favori de votre femme de chambre, et je deviendrai l'ami intime de votre mari ; vous serez peinte en pied dans des nouvelles signées : *Maxence d'Agnès* ; en un mot, je suis résolu à vous attaquer avec vigueur, et je ne parle pas des petits avis que pourra me donner le désespoir !

(*Cinquième figure.*)

MADAME MÉLILOT.

J'ai, monsieur, beaucoup de choses à vous répondre ; je serai samedi chez moi toute la journée ; venez, si vous voulez, de la part de madame du Roure, sur les quatre heures ; adieu, monsieur.

MAXENCE, *en voiture*.

Quelle déception ! — pas la plus légère indignation, pas la plus petite surprise ! — Je la regardais cependant de manière qu'elle pût rougir. — Elle n'a pas quitté son sourire. — Délicieuse du reste ! (*Il rentre chez lui.*)

CONSTANTIN, *qui souffle le feu.*

Ah ! il faut que je dise à monsieur, il y avait une lettre sur son bureau.

MAXENCE.

Ah ! oui, une cinquième lettre.

CONSTANTIN, *avec humeur.*

J'ai cru de mon devoir de la mettre à la poste.

MAXENCE.

Ce n'était pas la peine, va. — (*Il se couche.*) — Irai-je ? — (*Deux heures après.*) — Jeudi ! — Encore deux jours !

SEPTIÈME TABLEAU.

RUE DU HARLAY, 8.

Grand salon tendu en marron. — Jour sombre. — Carreau traversé par une bande étroite de tapis. — A gauche, portrait de M. Mélilot à neuf ans.

MAXENCE, *qui entre en saluant profondément.*
MADAME MÉLILOT, *assise.*

MADAME MÉLILOT.

Je vous reçois, monsieur, malgré votre récidive, qui viole tout à fait le droit des gens ; pendant ces quarante-huit heures il devait y avoir trêve. (*Elle lui indique du geste un fauteuil.*) — Vous m'en devrez, plus désintéressée, les quelques minutes d'attention que j'exige de vous.

Beaucoup à ma place seraient femmes à vous jouer, je préfère vous parler net; l'extrême franchise équivaut peut-être à l'extrême diplomatie. — Vous êtes fort jeune, monsieur, le monde vous est facile, voici ce qui vous est arrivé.

Un matin — la veille déjà n'ayant su que devenir — ce jour-là, sans projet pour l'après-midi, vous vous êtes demandé : Qu'est-ce que je ferai donc bien aujourd'hui? (*Dénégation de Maxence.*) — Vous pouviez rejoindre vos amis au club, paraître aux courses, essayer un cheval, — il vous est venu l'inspiration de tenter ce qu'on appelle *une bonne fortune,* — tant pis pour ceux qui en font les frais, le terme est consacré : besoin d'aventure, désœuvrement impérieux qui réclamait un coup d'État dans vos habitudes, innocent désir d'entendre passer, dans le récit de vos vanités conquérantes, ce mot friand : Une femme mariée! jeune et jolie, cela va sans dire, — vous avez daigné penser à moi. Je veux, monsieur, arrêter tout court, et pour de bon, cette belle passion qui feint de s'emporter; voulez-vous que je vous fasse ma profession de foi? Je suis d'une incrédulité sans bornes.....

— Vous m'avez écrit, monsieur; je connais ces lettres, j'en ai tout un dossier, et il a fallu la collection pour ne pas m'offenser des vôtres, habilement graduées d'ailleurs; toute autre vous les eût renvoyées; mais parce que je les garde comme archives, ne pensez pas le moins du monde que je sois alarmée, émue, ou sur le point d'être ébranlée; saint Thomas n'était rien auprès de moi. Quand je vois, je ne crois pas. — Vous êtes sincèrement dans votre rôle, je vous l'accorde; vous faites tout pour paraître n'être plus parfaitement maître de vous, de plus vous comptez sur la persévérance. — A vos yeux, vous avez des chances; mais comment voulez-vous, quand on sait son Paris, qu'on ne soit pas au fait de cet infiniment petit machiavélisme. On appelle cela romanesque, on est bien bon; je ne connais rien de positif, d'égoïste et de brutal comme ces prétendues *histoires du cœur*. — Vous n'avez donc, monsieur, aucun siége à faire, et pas la plus mince citadelle à emporter, la raison en est bien simple, je suis tout bonnement ville neutre.

MAXENCE, *avec philosophie*.

Accablez-moi, madame, je ne me défends pas; vous le voyez, l'amour-propre ne prend pas le dessus; marque infaillible d'une affection qui n'est pas à la surface. Seulement laissez-moi vous le dire : de l'esprit contre un sentiment, la partie n'est pas égale.

MADAME MÉLILOT.

Mais, monsieur, un air funèbre n'empêche pas qu'on ne joue la comédie; qui dit comédie ne dit pas perpétuellement chose gaie; vous êtes en ce moment l'image de la désolation, je dois le reconnaître, mais c'est bien le moins que pour tant d'espérances vous ayez un peu de dépit.

MAXENCE.

J'ai entendu des gens, madame, qui osaient dire que vous n'êtes pas la femme la plus heureuse de Paris !

MADAME MÉLILOT.

Vous me rappelez, monsieur, une recommandation que j'avais oublié de vous faire, et qui sera le dernier point de ce sermon; j'ignore si on ne calomnie pas monsieur Mélilot !

MAXENCE.

On ne prête pas aux pauvres !

MADAME MÉLILOT.

Mais en admettant qu'il ait ses supérieurs comme homme du monde, et que d'autres femmes aient le droit d'être plus fières, je n'aurais pas, je l'avoue, une bien haute estime pour les gens qui spéculent sur les torts d'un mari.

MAXENCE, *avec feu.*

Spéculer! moi, madame! mais je voudrais qu'il eût six pieds, qu'il fût très-jeune, très-beau, très-spirituel, et tout à fait féroce, cela m'empêcherait bien de vous aimer !

MADAME MÉLILOT.

A la bonne heure, monsieur, voilà une mauvaise pensée, mais un cri du cœur !

MAXENCE.

Ce serait vous alors, madame, qui spéculeriez sur les ridicules de monsieur Mélilot, pour ne pas plaindre un homme d'honneur qui vous aime gravement !

MADAME MÉLILOT.

Vous êtes fort à plaindre.

MAXENCE, *se levant.*

Tenez, madame, oubliez dans tout ceci ce qui est de commande, soit, ç'a été d'abord une affaire de mode ou de passe-temps, maintenant c'est une force qui m'entraîne — maudite et bénie ! Vous voulez m'éloigner, vous m'attirez ; si vous ne me croyez pas, interrogez mon visage ! D'une égratignure, je le veux bien, votre persiflage a fait une plaie vive ; — mon amour n'est plus de l'égoïsme, c'est du dévouement ! — Quelle preuve irrécusable en voulez vous ?

MADAME MÉLILOT.

On ne peut pas dire que vous *troubliez mon repos,* mais si vous restiez, vous viendriez tous les vendredis me demander l'aumône d'une consolation ; si donc vous êtes réellement malade, partez pour Naples, et ne revenez que guéri.

MAXENCE, *avec tristesse.*

Banni à perpétuité, n'est-ce pas? — Eh bien, madame, je pars ce soir — sans prendre congé de qui que ce soit. (*D'un ton de prière, lui prenant la main.*) Un viatique, madame! (*Il lui baise la main.*)

MADAME MÉLILOT.

Adieu, monsieur. (*Il sort, — elle prend un livre, et petit à petit se met à rêver.*)

M. MÉLILOT, *entrant brusquement.*

Bichette! Bichette! nous n'irons pas ce soir aux Italiens; c'est comme un fait exprès, je viens de rencontrer Bertaut, un ami; il arrive de la Nièvre, chef-lieu Nevers; il veut absolument que je dîne avec lui, ce diable de Bertaut.

(Le lendemain matin.)

(*Lisant.*)

CHRONIQUE PARISIENNE.

« Mademoiselle H... de la Montansier a donné lundi dernier un grand dîner qu'a suivi une fête superbe. Parmi les notabilités qui se pressaient dans ses ravissants salons, nous avons remarqué MM. Dumas, de Ruppé, Th. Gauthier, de Nucingen, Mercadet, etc., etc. — M. Mélilot, membre du Caveau, a eu l'honneur d'entretenir, pendant près d'une demi-heure, la spirituelle actrice.

» M. Maxence d'Agnès vient de partir pour la Terre-Sainte avec une mission du gouvernement. »

HUITIÈME TABLEAU.

Les eaux de ***. — Une maison meublée, rue des Citronniers.

MAXENCE, *en costume de voyage.* CONSTANTIN, *tout essoufflé.*
(*Ils tournent tout autour de la maison.*)

MAXENCE.

Tu es bien sûr que c'est la femme de chambre, Constantin?

CONSTANTIN.

Sûr comme monsieur est monsieur; mais il y a un malheur.

MAXENCE, *très-vite.*

Qu'est-ce donc?

CONSTANTIN.

Elle est tout en noir; M. Mélilot n'est plus.

MAXENCE, *radieux.*

Veuve! veuve! — Tu appelles cela un malheur, toi?

CONSTANTIN.

Non, mais elle refuse d'être à moi tant que madame portera le deuil de monsieur. En voilà de la délicatesse!

MAXENCE.

Veuve! — Depuis quand?

CONSTANTIN.

M. Mélilot s'est laissé porter en terre il y a environ six semaines. Aussi madame n'est jamais visible. Dans le commencement, il pleuvait des invitations, mais quand on a appris.....
— Du reste, Adeline paraît très-affligée — elle en est toute changée; jugez si madame...

MAXENCE, *cherchant.*

De quoi pourrait-elle donc bien être affligée?... — Veuve!

Premier étage.

MADAME MÉLILOT, *en grand deuil.* ADELINE, *tout en noir.*

ADELINE, *avant de fermer une caisse.*

Où faudra-t-il mettre le manteau de madame?

MADAME MÉLILOT.

Où vous voudrez. — Partir! — J'étais si heureuse ici! Au sortir de Paris, quelle bonne chose, la vraie solitude! Qui savait si j'existais! — Plus de visages odieux, indifférents ou maussades; personne; surtout, plus monsieur Mélilot! — Soirées calmes, silence qui repose. — Sous ces fenêtres à vue si douce — jardin, lac et montagnes, de jeunes élégants qui passaient: « As-tu vu, as-tu vu? — Qui? — Une Parisienne là, au premier? » — Jolie? — Et l'autre mettait ses doigts sur ses lèvres en forme de baiser. — Si l'on se présentait? — « Elle vient de perdre son mari. — Ah! » — Et je vivais seule, mieux protégée par ma robe noire que par une garde du corps! Car retrouver Paris ici... — Et demain aller le retrouver là où il est!

ADELINE, *accourant.*

Madame! madame! un bouquet, voilà le premier, faut-il le renvoyer? — nous partons demain.

MADAME MÉLILOT.

Un bouquet! (*Avec surprise.*) Des violettes blanches. — Qui a apporté ce bouquet?

ADELINE.

Un monsieur très-jeune, qui est en bas; voilà sa carte.

MADAME MÉLILOT, *lisant.*

MAXENCE D'AGNÈS

Prie madame Mélilot de lui accorder quelques instants.

Faites entrer.

MAXENCE. — (*Elle lui tend la main.*)

Madame, j'ai tenu plus que ma parole, j'arrive de Palestine; j'ai voulu mettre entre vous et moi la distance, la distraction du voyage, l'étude, tout ce qui efface laborieusement un souvenir; je n'ai rien appris et rien oublié; je vous aimais comme un enfant, je vous aime maintenant comme un homme; je sais, madame, l'événement qui change à jamais votre vie; vous pardonnerez à une pareille précipitation, mais vous allez regagner Paris, et moi, peut-être partais-je pour l'Espagne. — Je me hâte d'avoir l'honneur de vous demander votre main.

MADAME MÉLILOT.

Le hasard seul vous a amené ici?

MAXENCE.

Ma Providence, madame.

MADAME MÉLILOT.

Monsieur Maxence, je serai dimanche d'une soirée chez madame du Roure; si je porte un bouquet de violettes blanches avec une violette ordinaire au milieu, c'est que tout ne sera pas désespéré. (*Joie de Maxence.*) — Maintenant, — c'est déjà une imprudence que de vous avoir reçu, — vous allez me quitter, et vous vous arrangerez de manière à n'être à Paris que lundi matin au plus tôt.

MAXENCE.

Madame, je commence à vous obéir pour toute la vie. (*Il sort.*)

NEUVIÈME TABLEAU.

Le parc de Mousseaux.

Madame MÉLILOT, *en robe rose, passant derrière plusieurs massifs que cachent des bancs de gazon.*

Premier massif.

M. MÉLILOT, *avec un ami.*

Je ne sais pas comment je ferai, mon cher. — Ma femme me retombe sur les bras! — Comme c'est amusant! Mais les eaux, ça vous coûte les deux yeux de la tête! — Vous êtes garçon, vous, vous êtes bien heureux.

Deuxième massif.

TRISTAN DE RUPPÉ, MAXENCE D'AGNÈS.

TRISTAN.

Ah! dis donc, où en es-tu avec madame Mélilot?

MAXENCE.

Oh! mon ami, c'est fini depuis longtemps, je me suis désisté de ma poursuite.

DIXIÈME TABLEAU.

Rue de Harlay, 7. — Maison rebâtie.

M. MÉLILOT, MADAME MÉLILOT.

M. MÉLILOT, *avec impatience.*

Des fleurs! des fleurs! — La plus belle parure d'une femme, c'est la simplicité. — Voilà ce que j'ai trouvé. (*Il tire un bouquet de son chapeau.*)

MADAME MÉLILOT.

Y pensez-vous? Pour un bal.

M. MÉLILOT

Comment, un bouquet de six francs.

MADAME MÉLILOT.

Six francs! — Donnez, cela me décide.

ONZIÈME TABLEAU.

Grand bal chez madame du Roure.

MESSIEURS DE PONTFAUVY, D'AGNÈS, CLÉMENT, DE RUPPÉ, ETC.; MESDAMES TARDENOY, CLÉMENT, MÉNILMONTANT, ETC.

MADAME TARDENOY, *à une dame qui est à côté d'elle.*

Une femme qui paraît fort heureuse, c'est cette petite madame Mélilot.

PREMIÈRE DAME.

Qui est devant nous, avec un bouquet de violettes blanches ?

MADAME TARDENOY.

Oui, madame.

DEUXIÈME DAME.

Tiens, il y a une violette violette au milieu.

PREMIÈRE DAME.

Quel est ce jeune homme tout pâle qui lui parle en souriant ?

MADAME TARDENOY.

Monsieur d'Agnès, un fat.

PREMIÈRE DAME.

Ah !

M. MÉLILOT, *s'approchant de sa femme, et tout haut.*

Ma chère amie, permettez-moi de vous complimenter du choix de votre bouquet : c'est l'emblème de la modestie !

DOUZIÈME TABLEAU.

Saint-Denis du Saint-Sacrement.

CONSTANTIN ET ADELINE, *au pied des autels, échangeant l'anneau nuptial; à l'entrée de la chapelle, madame du Roure.*

COMME ON FAIT SON LIT

ON SE COUCHE

PERSONNAGES

Madame DE CHELLES.
Madame D'AUVILÉ, 59 ans.
Monsieur DE SPARR, 31 ans.
Monsieur DE CHELLES, 31 ans.

COMME ON FAIT SON LIT
ON SE COUCHE

SCÈNE I.

LE CHATEAU DE CHELLES (MORBIHAN).

11 heures du soir. — Fin août.

Un corridor à perte de vue. — Une femme de chambre avec des flambeaux. — A gauche, l'appartement de madame d'Auvilé. — Au haut du grand escalier, M. DE CHELLES, MADAME DE CHELLES, MADAME D'AUVILÉ. — A gauche, M. DE SPARR.

M. DE CHELLES, *à sa femme, qui fait un petit salut à madame d'Auvilé et s'éloigne.*

Aurélie, bonsoir.

MADAME DE CHELLES, *comme un écho.*

Bonsoir. (*M. de Chelles conduit madame d'Auvilé chez elle.*)

MADAME D'AUVILÉ, *s'asseyant.*

Comment, Régis, voilà où vous en êtes, après quinze mois?

M. DE CHELLES.

Le mariage est la route royale de Cythère : en voyage, on compte les nuits.

MADAME D'AUVILÉ.

Ah ça, Régis, est-ce que vous seriez un grand seigneur de paravent?

M. DE CHELLES.

Oh! Dieu! le style Louis XV en ménage! — Plutôt que d'être soupçonnés d'avoir les mœurs de nos meubles, ma femme et moi ne ferions jamais qu'un lit. — Ma parole d'honneur, on ne peut plus avoir chacun son appartement; on a toujours l'air de jouer un proverbe!

MADAME D'AUVILÉ.

Eh bien, alors?

M. DE CHELLES, *s'asseyant*.

Madame Régis de Chelles, née de la Guibourgère, me ferme ses portes au nez, tout bonnement. Il y a eu de cela trois mois avant-hier.

MADAME D'AUVILÉ.

Vous aurez mal conduit votre barque, mon cher monsieur de Chelles.

M. DE CHELLES.

Ma foi, ma chère madame d'Auvilé, il n'y avait plus d'eau.

MADAME D'AUVILÉ, *après un silence*.

Ainsi, vous êtes amoureux de votre femme?

M. DE CHELLES.

Je crois bien! — maintenant que je ne l'ai plus! — (*Demi-*

soupir.) Elle est très-jolie, madame de Chelles! — (*Se levant.*) Elle est charmante!

MADAME D'AUVILÉ.

Et nécessairement vous n'avez rien à vous reprocher?

M. DE CHELLES, *avec un geste persuasif*.

Elle m'appelle de sang-froid *son meilleur ami*. — Seulement elle occupe l'aile sud et moi l'aile nord. — Entre nous ce corridor. — Un Sahara parqueté! — Or, ma bonne madame d'Auvilé, — qu'est-ce que vous voulez que fasse l'amitié *du meilleur ami* — passé minuit? — Ce serait un contre-sens d'insister. — Vous figurez-vous un honnête homme, sans appareil, un bougeoir à la main, comme me voilà — criant à voix basse : « Aurélie! Aurélie! » — Rires étouffés de nos gens. — Le lendemain, bons mots de la femme de chambre et du cocher, *et cœtera*. — Ou bien faut-il que je pénètre chez ma femme par autorité de justice?

MADAME D'AUVILÉ.

Vous allez me prouver que vous avez raison d'avoir tort. — Qu'est-ce que vous faites de vos journées, ici?

M. DE CHELLES.

Nous sortons tard, nous rentrons tôt. — Aurélie fait de la musique; je chasse; de Sparr vient de temps en temps; tous les mercredis nous avons du monde.

MADAME D'AUVILÉ.

Quand vous êtes seuls, vous voyez-vous à déjeuner?

M. DE CHELLES.

Oui, mais nous ne nous regardons pas.

MADAME D'AUVILÉ.

Enfin, qu'est-ce que vous vous dites?

M. DE CHELLES.

Nous prenons chacun le premier tome d'un roman quelconque, et nous lisons à la fourchette.

MADAME D'AUVILÉ.

Et à dîner ?

M. DE CHELLES.

Nous passons au tome deux.

MADAME D'AUVILÉ, *à mi-voix.*

J'arrive à point. — (*Haut.*) Dites-moi donc, combien de temps vous reste encore M. de Sparr ?

M. DE CHELLES.

Je ne sais pas ; deux ou trois jours.

MADAME D'AUVILÉ.

Par qui vous faites-vous donc chausser, Régis ?

M. DE CHELLES.

M. Pannequin de Vannes. — Pourquoi ?

MADAME D'AUVILÉ.

Mon ami, dans huit jours nous aurons à causer très-sérieusement.

M. DE CHELLES.

Vous comptez avoir d'ici là un secret à me confier ?

MADAME D'AUVILÉ.

Précisément. — Le vôtre ; vous ne savez pas votre histoire.

M. DE CHELLES.

Quelque chose de bien intéressant !

MADAME D'AUVILÉ.

Mon ami, l'histoire des maris est le roman des femmes. — (*Elle le met à la porte.*) Bonne nuit, Régis ! (*On entend le piano de madame de Chelles.*)

SCÈNE II.

UN PETIT SALON.

M. DE SPARR, très-élégant. — M. DE CHELLES avec un ex-habit bleu et une cravate de jaconas. — MADAME DE CHELLES, qui tient une broderie. — Fenêtre ouverte donnant sur une terrasse.

M. DE SPARR, *à madame de Chelles.*

Vous avez là un délicieux peignoir.

M. DE CHELLES.

Croirais-tu, de Sparr, que ma femme fait trois toilettes dans une seule journée ? — Quand tu es là, passe encore, mais...

M. DE SPARR, *froidement.*

Qu'est-ce qu'il y a d'étonnant ?

M. DE CHELLES.

C'est vrai, tu en fais quatre. — Moi, me voilà paré pour jusqu'au soir. — A la campagne, on est toujours assez bien.

M. DE SPARR.

Au moins, de Chelles, ne sois pas si content de toi.

MADAME DE CHELLES.

Est-ce que vous trouveriez mauvais que votre femme se découvrît les épaules au bal, vous, monsieur de Sparr?

M. DE SPARR.

Oh! moi, d'abord, ma femme ferait ce qu'elle voudrait. Ce sont les principes de toute ma vie!

MADAME DE CHELLES.

Très-bien!

M. DE CHELLES, *en fausset*.

C'est une faute, mon ami, une très-grande faute.

M. DE SPARR.

Non, je tiendrais à être mené par ma femme.

M. DE CHELLES.

Tu verserais!

MADAME DE CHELLES, *à son mari*.

Comme c'est joli ce que vous dites! — Votre domestique a-t-il rapporté ma musique?

M. DE CHELLES.

Ah bien! Auguste a bien d'autres choses à faire. — (*Il compte sur ses doigts*). — 1° Ses foins à rentrer; 2° —

M. DE SPARR, *à voix basse à madame de Chelles*.

J'ai chargé mon valet de chambre de votre commission.

MADAME DE CHELLES.

Merci! — Comment! vous laissez M. Auguste rentrer *ses foins* sans vous? (*M. de Chelles interroge le baromètre.*)

M. DE SPARR.

Voilà de Chelles qui tâte le pouls à M. Réaumur. Allons! allons! c'est un père pour ses foins!

M. DE CHELLES.

Tenez, je vous laisse. — On en veut à mes jours. (*Il sort.*)

M. DE SPARR.

Ne te pends pas, brave Crillon! — (*Avec mélancolie.*) Ah! ce n'est plus là le de Chelles que j'ai connu!

MADAME DE CHELLES.

Oh! non.

M. DE SPARR.

Vous paraissez fatiguée, madame.

MADAME DE CHELLES.

Oui, j'ai mal dormi.

M. DE SPARR.

Vous n'avez pas dormi, plutôt. — A deux heures, vous étiez encore à votre fenêtre.

MADAME DE CHELLES, *un peu effrayée.*

Vous m'avez vue?

M. DE SPARR.

Entrevue. — Une svelte ombre blanche dans les ténèbres. — Quelle nuit! — C'était à rendre poëtes les gens qui le jour posent 8 et retiennent 4. — Un fourmillement d'étoiles dans un bleu profond. — Pas un souffle de vent. — Un de ces silences tièdes et sans fin où l'on entend si fort battre son cœur. — Vous rêviez aussi, n'est-ce pas? — De Chelles a, comme nous, ouvert ses croisées; — mais nous, nous regardions le ciel, et lui regardait le temps. — Puis vous avez disparu, et le bruit aigre de votre persienne a rompu le charme; — mais le rêve a continué la rêverie. — Si nous déchiffrions ce morceau, madame? — Je n'ose vous dire comme vous portez à ravir ce petit abattement.

MADAME DE CHELLES, *la main au cœur, secouant la tête.*

Allez, Septime, — je sens quelque chose là.

M. DE SPARR.

(*Il lui prend le bras doucement.*) Voyons! — Je suis un peu médecin. (*Lui baisant la main et gravement.*) Il y a de la fièvre.

MADAME DE CHELLES, *d'un ton de reproche.*

Monsieur de Sparr! (*Elle ouvre un piano. — Préludes.*)

MADAME D'AUVILÉ, *sur la terrasse.*

Vous n'êtes pas jaloux, vous, de Chelles?

M. DE CHELLES.

Jaloux de quoi? (*Regard de madame d'Auvilé.*) Ils chantent!

MADAME D'AUVILÉ, *entre ses dents.*

O le royaume des borgnes! (*Solo de M. de Sparr. — M. de Chelles, qui est enroué, le parodie gauchement. — Madame de Chelles ferme la fenêtre avec impatience.*)

MONSIEUR DE SPARR, *chantant.*

« Pensez tout bas que je vous aime. » (*Point d'orgue.*)

M. DE CHELLES.

Que c'est bête, ces paroles de romance! Toujours le mot de Figaro! Ce qui ne vaut pas la peine d'être dit, on le chante.

MADAME D'AUVILÉ.

Juste.

SCÈNE III.

PLUIE BATTANTE.

10 septembre.

M. DE CHELLES, qui bat la diane sur les vitres. — MADAME D'AUVILÉ, avec un tricot près d'une autre fenêtre. — MADAME DE CHELLES, essayant de lire.

MADAME DE CHELLES, *bâillant*.

Monsieur de Chelles qui bâille !

M. DE CHELLES.

Voilà un mot qui marque les quarts et les demies : M. de Chelles qui bâille ! (*Il se promène en long.*) Vous verrez que nous aurons de la pluie pour toute la semaine.

MADAME DE CHELLES.

Pourquoi ne faites-vous pas d'almanachs, monsieur de Chelles ?

M. DE CHELLES.

Écoutez, ma chère amie, chaque fois qu'il fait mauvais, vous êtes d'une humeur massacrante. Que diable ! je ne suis pas le baromètre, moi.

MADAME DE CHELLES.

Vous êtes poli et plein d'intérêt.

M. DE CHELLES.

Admettons que vous ayez le spleen français. — Êtes-vous

contente? — Que ne prenez-vous modèle sur cette respectable madame d'Auvilé, qui tricote, sans se plaindre, des bas pour les enfants trouvés de la commune! C'est très-amusant de faire des layettes.

MADAME DE CHELLES.

Mon Dieu, que vous m'ennuyez!

M. DE CHELLES, *qui se promène.*

Ceci marque les quantièmes : vous allez avec la pendule.

MADAME DE CHELLES.

Et vous, vous allez et venez avec le balancier. Pour l'amour du ciel, arrêtez-vous — ou partez.

M. DE CHELLES, *s'asseyant en face de sa femme.*

Eh bien, je reste.

MADAME DE CHELLES.

Ce sera moi alors qui m'en irai. Au fait, j'avais promis aux Viraville d'aller les voir, je ne vois pas pourquoi je ne leur tiendrais pas parole.

M. DE CHELLES.

Pour ne pas reprendre cette toux qui ne vous a quittée que la semaine dernière.

MADAME DE CHELLES.

Je ne vous ai jamais vu cette sollicitude touchante.

M. DE CHELLES.

Madame, quand vous toussez, c'est moi qui suis enrhumé.

MADAME DE CHELLES.

C'est bon. — Sonnez : qu'on attelle.

M. DE CHELLES.

Ah! je vous préviens que nos chevaux sont souffrants.

MADAME DE CHELLES.

Voilà bien ces messieurs! — Nos chevaux sont souffrants. — Nous, quand nous sommes à l'extrémité, ils appellent cela des enfantillages.

M. DE CHELLES.

La santé des femmes est une comédie très-spirituelle qu'elles jouent au bénéfice des médecins.

MADAME DE CHELLES.

Faites de l'esprit, allez, monsieur de Chelles! — Attendez donc. — (*Les chiens aboient. — On entend un bruit de roues sur la terre d'abord, puis sur le pavé.*) Une voiture...

UNE FEMME DE CHAMBRE, *entrant*.

Madame! madame! M. de Sparr!

MADAME DE CHELLES, *froidement*.

M. de Chelles est là. (*Entre M. de Sparr.*) Bonjour! — Vous êtes le bien venu!

M. DE CHELLES.

Voilà qui est aimable, par ce déluge!

M. DE SPARR.

Il faut bien venir voir Noé dans son arche! — J'ai quarante-huit heures à passer avec vous. — Bah! deux jours d'hiver en été, c'est une primeur. Vive le calendrier qui marche les jambes en l'air! Le feu flambe, la nappe reluit, le dîner est meilleur, et il vous passe des frissons de plaisir en pensant aux gens qui sont mouillés. (*A madame de Chelles.*) — Je vous apporte des revues, de la musique, des modes.

M. DE CHELLES.

Parbleu! nous décoifferons une de mes cinq dernières bouteilles qui ont fait le tour du monde.

M. DE SPARR.

C'est cela, et je vous raconterai l'itinéraire de la bouteille. J'ai été un peu partout. (*A madame de Chelles.*) Au paradis aussi! — Nous rirons, nous chanterons. — (*A madame de Chelles.*) J'ai le cœur si joyeux que j'ai l'âme triste.

UN DOMESTIQUE, *dans le corridor.* — Pauvre bête, pour ça, pauvre bête!

M. DE CHELLES.

Ah! mon Dieu, mes chevaux! (*Il appelle.*) Auguste!

LE DOMESTIQUE, *tristement.*

Msieu, c'est la jument à M. de Sparr. — C'est fini. Dame, six lieues en trois quarts d'heure! Un animal superbe!

M. DE SPARR, *chantonnant.*

Acheté tout crevé. — J'ai mis quatre heures.

MADAME DE CHELLES.

Quelle folie!

M. DE SPARR, *à madame de Chelles.*

La route était si longue! — Madame d'Auvilé passe avec vous le reste de ses jours?

MADAME DE CHELLES.

Une excellente femme, qui ne se mêle jamais de son prochain.

LE DOMESTIQUE, *entrant.*

Madame est servie.

M. DE SPARR, *offrant son bras à madame de Chelles.*

Comme on serait fier que ce bras-là s'appuyât sur vous pour tout de bon!

M. DE CHELLES, *à madame d'Auvilé.*

Il est gai, de Sparr? Il nous aime beaucoup.

MADAME D'AUVILÉ.

Écoutez donc : il vous aime pour deux.

SCÈNE IV.

LE JARDIN. — UNE ALLÉE COUVERTE. — UN BANC DE BOIS ET FER AVEC UNE VIGNE SCULPTÉE.

13 septembre.

M. DE CHELLES, MADAME D'AUVILÉ, asise.

MADAME D'AUVILÉ.

Vous êtes sûr de M. de Sparr, Régis?

M. DE CHELLES.

Ah! voilà! — Je savais bien que vous en vouliez à de Sparr — Pauvre garçon! — Parce qu'il est charmant avec tout le monde, et par conséquent avec ma femme! — C'est que je défends mes amis, moi! — Ah bien oui! de Sparr! — Nous avons vécu trois ans ensemble. — Je lui ai prêté de l'argent, — il me l'a toujours rendu. — J'ai eu des maîtresses...

MADAME D'AUVILÉ.

Il vous les a rendues aussi?

M. DE CHELLES, *triomphant*.

Jamais il ne m'a pris une maîtresse.

MADAME D'AUVILÉ.

Je connais ces probités-là. Il y a un tas de gens qui ne voleraient pas cent sous, — mais ils volent très-bien cent louis.

M. DE CHELLES.

Encore s'il était avec ma femme sur la défensive, froid, raide, causant à peine, ayant l'air de la détester! — il serait plausible, — ce sont là du moins les symptômes voulus.

MADAME D'AUVILÉ.

Mais, mon ami, un homme un peu intelligent se gare tout de suite des *symptômes voulus*. — C'est bon pour les surnuméraires. — Tout le monde sait maintenant que paraître glacé avec une femme est le moyen infaillible qu'on vous soupçonne de couver un amour incendiaire. On renverse le raisonnement : on paraît violemment amoureux, et chacun dit : Il ne l'aime pas. — Rien n'est dangereux comme les idées à bascule.

M. DE CHELLES.

Non, non! — Vous ne connaissez pas de Sparr! — Les autres, je vous les abandonne ; mais de Sparr — ce n'est pas un ami — c'est un *alter ego*.

MADAME D'AUVILÉ.

Avez-vous lu M. de Balzac, Régis?

M. DE CHELLES, *avec déférence*.

C'est un homme d'esprit.

MADAME D'AUVILÉ.

Vous êtes bien bon. — Ah! c'est une grande imprudence

que de ne pas savoir son Balzac. — La *Physiologie du mariage* devrait être votre bréviaire, à vous autres.

M. DE CHELLES, *souriant*.

Je l'ai dit au collége.

MADAME D'AUVILÉ.

Naturellement — trop tôt.

M. DE CHELLES.

Ah! je le redirai.

MADAME D'AUVILÉ.

Naturellement (*baissant la voix*) — trop tard.

M. DE CHELLES, *pâlissant*.

Trop tard? — Et pourquoi cela?

MADAME D'AUVILÉ.

Parce que M. de Sparr est sur le point d'être votre *alter ego* près de votre femme. — (*Mouvement de M. de Chelles.*) Oh! ayez de l'indignation, mais pas contre moi. — Je n'avance rien sans preuves. J'ai, comme vous le savez, une belle-fille. Votre femme et elle se sont connues aux *oiseaux*. — Elles s'écrivent. — Marguerite m'envoie une lettre de madame de Chelles — avec cette seule ligne : « S'il en est temps encore, sauvez-la! »

M. DE CHELLES, *jetant les yeux sur la lettre*.

C'est bien d'elle.

MADAME D'AUVILÉ.

Je vais vous lire ce qui vous concerne — indirectement d'abord. (*Elle lit.*) « Si tu savais, ma bonne Marguerite,
» comme il est simple et charmant! — Le cœur sur les lè-
» vres et de petites dents si spirituelles! — Ses grands yeux

» noirs sont pleins d'un dévouement qui m'effraie. — Je n'ai
» jamais été aimée ainsi. — Quand je suis chagrine, il sait
» me faire sourire, et s'il osait, il pleurerait avec moi. —
» Tant qu'il est là, je suis oiseau; mais je perds mes ailes
» dès que je me retrouve... » (*Elle s'arrête.*)

M. DE CHELLES.

Oh! lisez tout.

MADAME D'AUVILÉ.

« Avec M. de Chelles, — il me faut bien du courage, vois-
» tu, pour ne pas prendre en aversion cette figure fatiguée
» d'ennui, — cette barbe mal faite, cette mise sans souci, —
» enfin les mille impertinences des gens qui, vous sachant là,
» se négligent. — Il engraisse, et il en rit. — Il plaisante,
» d'une voix terne, toutes ces petites délicatesses que nous
» aimons. — Décidément c'est un homme commun. Si Sep-
» time était toujours là encore, je me ferais à cette vie bi-
» zarre! — Ah! ma pauvre amie, je ne sais plus où je vais.
» — Madame d'Auvilé est ici; — elle tricote. — Je t'em-
» brasse. »

M. DE CHELLES.

De Sparr, que j'ai vu enfant! — Aurélie! (*Il pleure.*)

MADAME D'AUVILÉ, *annonçant d'une voix brève.*

Monsieur de Sparr, Régis!

M. DE SPARR, *qui a sous le bras madame de Chelles.*

Eh bien, mais, où êtes-vous donc? — Nous vous cher-
chons partout. Ah! ah! Régis en tête-à-tête avec madame
d'Auvilé, sous la coudrette, ô gué, sous la coudrette!

M. DE CHELLES.

Nous vous rejoignons. (*Ils s'éloignent.*) — Ma femme! —
Je l'aimais tant!

MADAME D'AUVILÉ.

Régis, — écoutez-moi. — Je ne suis qu'une pauvre vieille femme qui ne tient plus à grand'chose; mais j'ai été l'amie de votre mère, et je l'aime dans son fils. — D'abord la vérité. — La crise est plus grave peut-être que je ne le pense. — Fors l'honneur tout est perdu. Il s'agit pied à pied de reconquérir vingt lieues de terrain : suivez-moi donc.

La mythologie moderne n'a pas grand chose à faire dans un malheur réel, mon ami; mais un vieux badinage vous rendra mieux mon idée.

Il est toujours un fleuve qu'on nomme le Tendre; — sa géographie est un caprice; lac aujourd'hui, demain on le passe à gué. Son cours est semé de courants et de bancs de sable; où l'on n'échoue pas, on se noie. Sa transparence ne révèle pas les précipices qui se forment, d'une heure à l'autre, sous le murmure de ses eaux. Vous croyez le suivre, il vous échappe, se divise en mille ruisseaux, se fait torrent, ou déborde sans fertiliser. Chaque orage déplace son lit; lui-même souvent le déserte pour s'en faire un à travers tous les obstacles. Sa source est inconnue; mais la plupart du temps il se jette par sept embouchures, dans les mers polaires. — C'est assez vous dire que c'est le moins navigable de tous les fleuves.

En général, observez dans les livres, au théâtre — ce double reflet de la société, — cette trinité inséparable : l'amant, la femme, le mari. — L'amant a tous les mérites, — le mari tous les torts. — L'adultère — (pardonnez-moi ce vilain mot) — y est illégal mais légitime. L'amant, inquiet, empressé, séduisant, arrive à temps, console, amuse, plaît; — le mari, indifférent, désobligeant, laid, ne bouge pas de chez lui, raille platement et ennuie, — faisant tout ce que sa femme ne veut pas, tandis que l'amant fait tout ce qu'elle veut. — Le mari, c'est M. Véto, malheureux monarque constitutionnel qu'on appelle tyran en le tyrannisant. — Pour la femme, l'amant, c'est le peuple souverain.

Pourquoi donc, une bonne fois, le mari n'irait-il pas sur les brisées de l'amant?

Notez bien que madame de Chelles, qui a un cœur large comme un trou d'aiguille — (encore a-t-elle un cœur, et il ne s'agit que de prendre du fil fin), — madame de Chelles ne descendrait jamais. — Vous n'êtes pas de ces infortunés, jeunes, spirituels et bien faits, qu'on sacrifie à je ne sais quoi d'inepte et de repoussant. — Contre ce mal-là, il n'y a pas de remède. — Mais, franchement, M. de Sparr vous est supérieur. — Vous avez autant d'esprit que lui; — mais comme il sait mieux faire valoir le sien! — L'esprit, mon ami, bien souvent consiste moins à dire un mot mordant qu'à ne pas le dire. — Sa mise est sans reproche. — Vous ne savez pas, Régis, ce qu'un bon bottier fait de tort aux gens mal chaussés! — Vous, vous usez vos vieux habits sous prétexte que vous êtes à la campagne, et vous avez cinquante mille livres de rente. — Ce sont là de ces économies qui ruinent dans l'esprit d'une femme. — Ne soyez pas si prodigue, Régis! — M. de Sparr est toujours d'humeur souriante. — Vous avez souvent une maussaderie qui vous vieillit. — Pourtant vous êtes du même mois. — Prenez garde au droit du cadet. De plus, vous ne quittez pas votre femme. — Ne vous verrait-elle pas, elle vous sait là; — c'est tout un pour les gens qui se détestent ou qui s'aiment... — C'est un réveil si doux que de ne pas voir un beau matin — les importuns! — On leur en sait tant de gré, qu'on commence presque à les aimer. — M. de Sparr, lui, ne se dépense pas tout entier. — Il arrive aujourd'hui, après demain il repart. Il sème, et ne dérange pas la semaille. — Votre femme, mon ami, est Parisienne jusqu'au bout de l'ongle de son petit doigt. Ce n'est plus une jeune fille, — et elle est d'un milieu très-fin, ou ce qui vous reste de cœur est adorablement dépravé. — Dans ce monde là, on est toute tolérance pour le dupeur, toute intolérance pour le dupé, et pourvu que la chose se soit faite avec grâce, l'eau vient à la bouche des auditeurs quand on va parler des gens trompés. L'esprit vit si bien des misères du cœur! — Et votre femme saurait, en se perdant, sauver sa dignité.

La conduite à tenir, la voici :

Remettez madame de Chelles dans ce tumulte de Paris qui étouffe les mauvais conseils de la solitude. — Reprenez le premier tailleur, le meilleur carrossier. — Soufflez, par tous les temps, les brises caressantes autour de la plus irritable des sensitives : l'amour-propre. — Faites-vous rare ; votre femme s'estime assez pour ne vous trahir qu'en face. — Soyez hardi comme M. de Sparr. Employez pour le battre sa propre tactique. — Ayez du goût, des petits triomphes, un à-propos universel. — Faites parler de vous. — Grandissez avec un air grave. — Publiez deux volumes sur l'avenir du Béloutchistan. — Les plus légères sont flattées de commander à des hommes sérieux. Evitez seulement ce moyen de comédie : la jalousie. Que madame **** n'ait jamais de bontés pour vous. On pardonne les succès *avant ;* on en est même bien aise ; c'est une plus-value ; mais on est inflexible pour les succès *pendant.* — S'il le faut, ayez de l'ambition ; obligez continuellement votre femme à être fière de vous. — Une femme politique n'accorde plus que des audiences. — En un mot, endiguez-vous sans relâche contre la mauvaise fortune, vous chez qui l'on vient en chercher une bonne. — Creusez les bancs de sable, comblez les précipices, contrariez les courants, CANALISEZ LE TENDRE.

M. DE CHELLES.

Par où commencer ?

MADAME D'AUVILÉ.

Par le commencement. — Vous avez tout à refaire : figurez-vous que M. de Sparr est le mari. — Je vous quitte dans un instant, lui part tout à l'heure. — Profitez du tête-à-tête. Vous en êtes à votre noviciat. — Rajeunissez-vous de cinq ans. Passez une heure à rendre aérienne l'architecture de votre cravate. Ne restez pas dans les bois, comme un hobereau sauvage ; chassez une heure, costumé en vignette, avec un joli fusil — et des gants clairs, — et dans dix jours soyez à Paris.

M. DE CHELLES.

Et de Sparr ? — A propos, si je le tuais ?

MADAME D'AUVILÉ.

Etes-vous fou ? — Votre femme porterait le deuil, et par vengeance convolerait en secondes noces, de votre vivant, avec le premier homme à la mode venu. — Chacun a plus ou moins son affection chronique. — La vôtre s'appelle de Sparr. — Guérissez-vous. — Voilà une belle occasion d'homéopathie. — Mais ne chassez brusquement une maladie : il en revient deux. — Vous recevrez donc M. de Sparr.

M. DE CHELLES, *avec dépit*.

Ce sera la toile de Pénélope !

MADAME D'AUVILÉ.

Précisément. — Personne n'épousera votre femme que vous. Voyez-vous, pour que ces amours-là ne ressuscitent pas, il faut les laisser mourir de leur belle mort. — M. Ledru-Rollin le dit tous les jours : L'idée est incompressible.

M. DE CHELLES.

Si on faisait nommer secrétaire d'ambassade, ce de Sparr ?

MADAME D'AUVILÉ.

Il serait capable de refuser, et vous paieriez les frais de son héroïsme. Voici la voiture. — Adieu. — *Canalisez!*

SCÈNE V.

LE DÉJEUNER.

14 septembre.

M. DE CHELLES, Madame DE CHELLES.

MADAME DE CHELLES.

Mais vous êtes magnifique, Régis! — Est-ce que vous attendiez quelqu'un?

M. DE CHELLES.

J'ai l'honneur de déjeuner auprès de madame de Chelles.

MADAME DE CHELLES.

Oh! vous étiez très-bien avec votre ancien habit.

M. DE CHELLES, *d'un ton de reproche.*

Ah! voilà une dureté! — Vous trouveriez le secret d'être charmante avec une robe de l'Empire; mais moi...

MADAME DE CHELLES.

Est-ce que c'est ma fête, aujourd'hui?

M. DE CHELLES.

Non, madame, mais je veux vous dire vos vérités, et tous les jours.

MADAME DE CHELLES.

Ah! gardez vos économies de madrigaux! — Les femmes ne s'appellent plus Eglé, aujourd'hui, et les hommes qui les respectent ont horreur de la *galanterie*.

M. DE CHELLES.

Je n'aurais certes pas horreur — en vous sous-entendant — de m'entendre appeler « le galant. »

MADAME DE CHELLES.

Vous dites tout cela d'un air désolé?

M. DE CHELLES.

Pardon, je vous empêche de lire.

MADAME DE CHELLES.

Que tenez-vous donc là?

M. DE CHELLES.

Un roman nouveau de votre auteur favori.

MADAME DE CHELLES.

Oh! laissez-moi voir.

M. DE CHELLES, *lui passant le volume*.

Et tout au long, je vous en prie.

MADAME DE CHELLES.

Trop bon. — Mais vous?

M. DE CHELLES, *tirant un deuxième volume de sa poche*:

Je suis armé!

MADAME DE CHELLES.

Vous êtes homme de précaution.

M. DE CHELLES.

C'est pour vous, croyez-le. — Je comprends parfaitement que beaucoup de conversations — je mets la mienne du nombre — ne valent pas un chapitre du roman que vous tenez. — Je vous demande un peu ce que n'importe quelle improvisation, fût-ce celle de l'auteur lui-même, pourrait faire à côté d'un conte émouvant imaginé à loisir et dit avec style par un romancier d'infiniment d'esprit? — Une femme se renferme trois jours entiers pour dévorer un roman en dix volumes; ferait-elle le même sacrifice à un premier amant? — Or, moi, simple mari, — si je ne lisais pas en face de vous qui lisez, — qu'adviendrait-il? — Vous seriez capable d'avoir de la commisération pour un pauvre diable qui ne dirait mot du premier service au dessert; vous lui adresseriez de temps en temps la parole, — et cela hacherait l'intérêt. — Pour moi — chacun son goût — votre voix me fait bien plus de plaisir que le dialogue de tous ces personnages.

MADAME DE CHELLES.

Je veux croire que ce n'est pas une satire. — Mais comment, vous commencez par le tome second?

M. DE CHELLES.

Ne fais-je pas bien? — Je lis en éclaireur, comme un maître d'hôtel qui goûte des plats. — Si c'était mauvais — au goût. — (*Offrant.*) Un peu de ce perdreau.

(Madame de Chelles lit en le regardant à la dérobée. — M. de Chelles lit de son côté. — Silence. — Ils rient. — Ils rient de nouveau.)

MADAME DE CHELLES, *avec des larmes dans la voix.*

Pauvre Henri!

M. DE CHELLES.

Rassurez-vous, ; — il se marie.

MADAME DE CHELLES.

Quel bonheur !

M. DE CHELLES, *tristement*.

Il est mal avec sa femme. (*Madame de Chelles se lève. — Ils se séparent.*)

SCÈNE VI.

LE DÎNER.

M. DE CHELLES, MADAME DE CHELLES avec une seconde toilette.

MADAME DE CHELLES.

C'est vous, Régis ? — On vous prendrait pour M. de Sparr.

MONSIEUR DE CHELLES.

Moi, je ne prendrais jamais personne pour madame de Chelles.

MADAME DE CHELLES.

A propos ! je voudrais bien savoir pourquoi vous vous êtes permis de m'écrire.

M. DE CHELLES.

Mon Dieu, madame, nous ne nous parlions pas. — Le seul moyen de communication était la poste. — Je vous ai crue assez bonne pour excuser mon audace ; n'y a-t-il pas des gens qui correspondent toute la vie sans se voir ?

MADAME DE CHELLES.

Cette lettre avait le timbre de Paris, et vous aviez déguisé l'écriture pour qu'elle ne fût pas refusée. — Mais je vous déclare que je n'ai lu que l'enveloppe — et que désormais je ne recevrai plus vos lettres.

M. DE CHELLES.

Voudrez-vous me permettre de séduire Joséphine ? (*Sept heures sonnent.*)

MADAME DE CHELLES.

Ah ! mon Dieu ! — nous allons ce soir chez les Viraville !

M. DE CHELLES.

Oui.

MADAME DE CHELLES, *avec consternation.*

J'ai oublié d'envoyer prendre mes fleurs. — Je ne pourrai pas y aller. — Que va-t-on dire ? — Je suis perdue !

M. DE CHELLES *sonne, un domestique entre.*

Auguste ! — sellez un cheval. — (*Il prend un pardessus et une cravache.*)

MADAME DE CHELLES.

Oh ! par ce temps affreux ! — Non. — Vous n'avez pas dîné.

M. DE CHELLES.

(*Il monte à cheval.*) Dans une demi-heure je serai ici. — (*Madame de Chelles à une fenêtre. — Le cheval se cabre. — Elle pousse un petit cri. — M. de Chelles la rassure d'un geste.*)

LA FEMME DE CHAMBRE, *dans le corridor.*

Cré coquin ! monsieur monte joliment à cheval !

MADAME DE CHELLES, *rentrant.*

Qu'est-ce qui se passe donc chez M. de Chelles? (*Elle lit, — puis laisse tomber son livre et rêve. — Elle tire de son corsage une lettre de M. de Sparr. — On entend le galop d'un cheval.*) Déjà revenu!

M. DE CHELLES, *avec un carton.*

Voici vos fleurs.

MADAME DE CHELLES.

Vous êtes inondé, Régis.

M. DE CHELLES.

L'essentiel est d'être arrivé à temps.

MADAME DE CHELLES.

Toute réflexion faite, je n'irai pas chez les Viraville. Je suis ce soir pour le coin du feu. — Nous souperons, comme nos ancêtres. — Ah! je n'ai pas la suite de...

M. DE CHELLES.

Vous allez faire un bien mauvais souper.

MADAME DE CHELLES.

J'ai faim; nous causerons. — Bah!

M. DE CHELLES.

Moi qui n'ai plus l'habitude...

MADAME DE CHELLES.

Vous ferez comme les muets de mélodrame, qui deviennent bavards au dénoûment. — Qu'est-ce qu'on dit à Vannes?

M. DE CHELLES.

Il y court trois ou quatre petits scandales;

MADAME DE CHELLES, *avec friandise.*

Contez-moi cela bien.

M. DE CHELLES.

Si vous êtes contente, — serez-vous assez dévouée pour chanter cette mélodie de Schubert — que j'aime tant — et que j'ai entendue cette nuit ?

MADAME DE CHELLES.

Je pensais que vous ne croyiez pas à la musique.

M. DE CHELLES.

Vous m'avez converti, — et si vous voulez, nous en ferons.

MADAME DE CHELLES.

Comment, Régis, non-seulement vous parlez, mais encore vous chantez !

M. DE CHELLES.

Je réclame l'indulgence du public. (*Madame de Chelles tousse. — Il chante.*)

MADAME DE CHELLES, *stupéfaite.*

Un ténor !

M. DE CHELLES.

Qu'est-ce qu'est donc de Sparr ? — Baryton, je crois ?

MADAME DE CHELLES.

Mais vous avez une très-jolie voix, monsieur, très-jolie. — Répétez donc cette phrase — : « Pensez tout bas que je vous aime. »

M. DE CHELLES, *avec passion.*

« Pensez tout bas que je vous aime. » (*Onze heures sonnent.*)

MADAME DE CHELLES, *étonnée.*

Il n'est pas onze heures! — (*La femme de chambre entre avec des bougies.*)

M. DE CHELLES.

Bonsoir, Aurélie.

MADAME DE CHELLES.

Bonsoir, Régis.

SCÈNE VII.

LA CHAMBRE A COUCHER DE MADAME DE CHELLES.

10 heures du matin. — 10 octobre.

MADAME DE CHELLES, seule.

MADAME DE CHELLES.

Ce serait à croire à la métempsychose.—(*On entend la voix de M. de Chelles.*) — L'autre soir, c'était le même accent que M. de Sparr. — (*Elle se met à sa fenêtre.*) — Ah! la chasse! — Quel joli costume! Monsieur de Chelles, reviendrez-vous pour dîner? — Il ne m'entend pas; il a un air triste, triste. — (*Entre une femme de chambre.*) — Y a-t-il des lettres?

LA FEMME DE CHAMBRE.

Une pour monsieur et une pour madame — avec ce bouquet. (*Elle sort.*)

MADAME DE CHELLES, *prenant la lettre.*

(*Avec joie.*) De Septime ! — Un bouquet ! (*Elle ouvre la lettre.*) Quatre bonnes pages ! — Quelle écriture ! — mais je le devine. Il est charmant. — Il ne demande rien, dit-il... — Cela tourne à l'esprit. — Cette page-là a l'air recopiée. — Ah ! voilà un mot que j'aime ! Pauvre, pauvre Septime ! (*Elle relit la lettre.*) — Un billet dans ce bouquet ! — de M. de Chelles ! (*Elle le jette au feu. Il roussit sans pouvoir brûler.*) — Voyons donc ce qu'il disait. — Il perd la tête. (*Elle sourit.*) Un rendez-vous ! — C'est trop fort ! — Pas mal pourtant ! — Je suis bien bonne de lire cela ! Est-ce une larme, ou a-t-il mis de l'eau dans son encre ? — C'est singulier ! on dirait une lettre de jeune homme. — (*Elle continue une lettre.*) « Le croirais-» tu, ma chère amie, M. de Chelles m'écrit ; je trouve dans » un bouquet de roses — (fin septembre, c'est une attention) » — un billet de lui vraiment très-passable. — Il est bien » temps ! » (*Elle relit la lettre de M. de Sparr.*)

SCÈNE VIII.

LE BOIS.

M. DE CHELLES qui se promène, puis MADAME DE CHELLES.

M. DE CHELLES *écoutant.* — *Frôlement de feuilles sèches qui tournoient au vent.*

Ce n'est pas elle ! — Cinq heures sont sonnées ! — Le timbre avait un écho douloureux. — Le soleil, qui descend, rend le jour sombre; — les taillis deviennent obscurs ; tout s'attriste; — elle ne viendra pas; — c'est fini. — (*Il regarde.*) — Avec le dernier nuage rose ma dernière espérance! (*Un zig-zag de robe à travers les arbres*). — Je me sens pâlir.

MADAME DE CHELLES.

Ah ! vous étiez là, monsieur !

M. DE CHELLES *d'une voix mal assurée*.

Laissez-moi croire que vous le saviez.

MADAME DE CHELLES.

Au fait, à quoi bon tout ceci ? — Je viens exprès vous dire combien c'est ridicule. Nous nous voyons, ce me semble, autant que cela vous fait plaisir.

M. DE CHELLES.

Oui, nous nous retrouvons — mais sans nous chercher. — Il y a si longtemps, Aurélie, que nous ne nous sommes vus en voulant nous voir ! — Ce petit bois, autrefois nous nous y promenions. Je suis sûr que vous vous perdriez maintenant dans ces sentiers bordés d'acacias roses et blancs dont j'écartais les épines pour faire place la première fois que nous vînmes; c'était en avril. — Entre les feuilles qui naissent et les feuilles qui vont mourir il y a je ne sais quelle affinité de parfum — amer et doux pour ceux qui souffrent. — N'est-ce pas qu'en pleine nature, pour ceux qui ont une âme, on est plus disposé à oublier? — J'ai passé la plus cruelle nuit, figurez-vous. — Dans un long rêve, je vous ai vue. — Vos yeux noirs me regardaient sans moquerie. — Je vous disais que je vous aimais, et ce mot-là expirait sur vos lèvres. — Je vous sentais près de moi, blanche, douce et pleine de grâces. — Ce sont des folies, — mais je vous assure qu'en ouvrant les yeux je les ai sentis pleins de larmes. — A présent... — (*Il lui prend la main. — Elle veut la retirer.*) Oh ! laissez-moi votre main.

Faisons la trêve. — Il faut que je vous dise pourquoi je tenais tant à vous trouver ici. — Voyez-vous, je suis un exilé. — J'avais pour pays un cœur de femme caché dans une beauté pénétrante, — pays aimé qu'éclairent des yeux de tant d'esprit. — J'ai tout perdu. — J'ai voulu toucher mon rêve — — car, je le sais bien, ceci est encore un rêve — et revoir une dernière fois peut-être — comme avant l'exil — ma patrie.

MADAME DE CHELLES, *un peu émue après un silence.*

Oh! mais le vent est glacé, — le soleil est couché, — la campagne est un vrai sépulcre !

M. DE CHELLES.

Quand voulez-vous retourner à Paris ?

MADAME DE CHELLES.

Demain, si c'est possible.

M. DE CHELLES.

Nous partirons ce soir.

MADAME DE CHELLES.

Merci. — (*Six heures sonnent au château.*) — Maintenant, Régis, donnez-moi votre bras — et dînons vite; — seulement, ne me parlez plus de tout cela. — Pour cette fois-ci, je ne vous en veux point. — Mais vous me feriez douter de votre amitié.

SCÈNE IX.

CHEZ MADAME D'AUVILÉ, A PARIS, QUAI VOLTAIRE.

Janvier.

MADAME D'AUVILÉ, M. DE CHELLES, entrant.

M. DE CHELLES.

Eh bien?

MADAME D'AUVILÉ.

Vous êtes au pair. — Ecoutez. (*Elle lit une lettre.*)

« Encore une semaine à la hausse, ma chère petite. Je ne
» reconnais plus M. de Chelles. — Il faut vraiment qu'on me
» dise que c'est lui. — Les *gigots* vont revenir. — Il est à la
» mode. — Tout le monde se le dispute, excepté moi. Je ne
» pense pas l'aimer, bien entendu; mais l'autre jour, en le
» voyant au bras de M. de Sparr, qui décidément est l'aîné, j'ai
» cru sentir comme un caprice pour M. de Chelles; les caprices
» sont les sourires de l'amour sérieux, a dit un poëte dont la
» femme sourit souvent. — M. de Sparr est toujours M. de
» Sparr — c'est tout dire. — Il est convenu, ma bonne Mar-
» guerite, que tu es non pas une conseillère, mais une confi-
» dente de l'ancien répertoire. — Je suis dans l'irrésolution
» la plus extraordinaire. — Septime m'accable de soins invi-
» sibles; M. de Chelles me fait, sans bruit, une cour très-
» exacte. — Pourquoi se moque-t-on de cette locution: *faire
» la cour?* — Est-ce qu'ils ne sont pas nos sujets, corvéa-

» bles à merci, comme disent les journaux républicains ? Le
» joli pied de Régis est revenu ! Ah ! s'il avait les moustaches
» délicates de M. de Sparr ! — Chaos ! chaos ! que la lumière
» soit ! et la lumière n'est pas. — Le moment fatal approche ;
» — je le sens à un serrement de cœur qui ne me quitte
» pas. — Nous allons après-demain chez la duchesse de D***.
» — On y parlera de toi. — Sainte Marguerite, priez pour
» moi. »

Qu'en dites-vous, Régis ?

M. DE CHELLES.

Je vous l'avoue, j'ai peur. — L'égalité est un mensonge.

MADAME D'AUVILÉ.

Et l'inégalité sera ce soir une vérité à votre profit. Tout le monde lira demain votre nom dans le *Moniteur*. Je ne sais pas pourquoi mais vous êtes chevalier.

M. DE CHELLES.

Ma respectable amie, vous me tuez !

MADAME D'AUVILÉ.

Ne faites donc jamais de paradoxe en action. — Vous ne vous doutez pas, Régis, de l'effet prodigieux que produit un mince filet grenade sur une boutonnière. — L'habit était plat, vulgaire, lourd ; — cela le relève, l'ennoblit, le rend léger. Combien d'habits mal faits n'a pas corrigés un ministre ! Vous et M. de Sparr, vous êtes les Ménechmes de l'élégance. — Il fallait pourtant bien vous distinguer l'un de l'autre. — Vous allez avoir sur lui la supériorité du ruban rouge sur l'œillet rouge. — De bonne foi, est-ce que vous croyez que votre femme, qui est de soixante-dix pour cent dans vos menus trophées, ne préfère pas ce petit chiffon (car vous parlez aussi chiffons) à cinquante bons mots — et par conséquent à une vieille drôlerie qui n'en peut mais? — A ce soir! — Ne manquez pas votre entrée.

M. DE CHELLES.

Je viendrai tard. — Adieu.

SCÈNE X.

LE SALON DE LA DUCHESSE DE D***, RUE SAINT-GUILLAUME.

UN DOMESTIQUE *annonçant*.

M. de Sparr! (*Sourires bienveillants.*) M. de Chelles ( )! (*Sourires respectueux. — Il s'approche de sa femme.*)

MADAME DE CHELLES.

C'était donc une surprise, Régis?

M. DE CHELLES.

Je vous la dédie. — Ah! je pars demain matin pour quinze jours avec une mission secrète. — Voudrez-vous bien me recevoir?

MADAME DE CHELLES.

Un secret d'Etat? — Vous me le direz. — Je veux savoir comment est fait un secret d'Etat.

M. DE CHELLES.

Nous en causerons. (*Il met un doigt sur ses lèvres.*)

MADAME DE CHELLES.

Ah ça ! vous êtes donc un ambitieux ?

M. DE CHELLES.

Oui, madame, je vous aime.

MADAME DE CHELLES.

Venez à midi. (*Il s'éloigne.*)

M. DE SPARR *à madame de Chelles, en lui montrant son mari qui cause avec de hauts personnages.*

De Chelles est superbe.

MADAME DE CHELLES, *d'un ton sec.*

Savez-vous qu'il est vraiment trop commode de passer à son avoir — ce qu'on n'a pas.

M. DE SPARR *souriant, et à lui-même.*

Tu la porteras, va, ta croix !

Une heure après.

MADAME D'AUVILÉ *à M. de Chelles.*

Faites immédiatement votre profession de foi. — Monsieur de Sparr sera représentant avant la fin de la semaine.

SCÈNE XI.

LE BOUDOIR DE MADAME DE CHELLES.

MADAME DE CHELLES, écrivant.

« Les voilà, ma reine Marguerite, tous deux à la Chambre
» pour l'amour de moi ! — Depuis un mois, j'ai de l'ambition.
» — Je veux être femme d'Etat. — Un attelage de députés
» jeunes et fringants, — que la passion fouette, cela conduit
» où l'on veut. — Le parti Aurélie de Chelles est constitué
» depuis huit jours. — Qui m'aime m'a suivie, et ils sont tous
» amoureux de la patrie dans ma personne — jusqu'à
» M. d'O*** ; — un siècle assez bien conservé. — Mais mon
» salon est le salon des Pas-Perdus. — Cela n'est pas aussi
» sévère que tu pourrais le croire. — Tout le monde dit:
» Ne parlons pas politique. On le légifère un quart d'heure.
» — Je donne l'ordre du jour. M. de Chelles est très-bien à la
» tribune. M. de Sparr y est à l'aise comme dans une cau-
» seuse. — Dernièrement, la Montagne aboyait. — M. de
» Sparr remuait avec sérénité la cuiller dans le verre d'eau
» sucrée de tous les régimes. La Montagne hurle ! — Il de-
» mande à voix haute à l'huissier de service : *Un peu de fleur
» d'orange !*

» Je viens de les brouiller politiquement. — Des gens qui
» ont la même opinion, le même esprit, la même élégance,
» cela fatigue. J'entends deux cloches, — mais c'est le même
» son. — Mon salon est divisé. J'aime d'ailleurs les nuances
» changeantes. — Les voilà l'un contre l'autre. Malheur aux
» vaincus !

Elle prend un journal.

» M. de Chelles (du Morbihan) a, dans la séance d'au-
» jourd'hui, abordé sérieusement la tribune. L'honorable re-
» présentant a réfuté de point en point le spirituel discours de
» M. de Sparr. Nous avons rarement entendu soutenir une
» cause plus difficile avec plus d'autorité et d'éclat. La Cham-
» bre compte décidément un orateur de plus.

Elle prend un autre journal.

» La réponse de M. de Chelles n'a rien détruit de l'argu-
» mentation serrée de M. de Sparr, qui a répliqué avec viva-
» cité. Le discours de l'honorable représentant d'Ille-et-Vilaine
» a eu les honneurs de la séance. »

Lequel croire?

P. S. — « Je rouvre ma lettre. — M. de Sparr devient un
» vrai bourreau avec ses airs de victime. M. de Chelles se tait
» pour être éloquent. — C'est un amour siamois, exact comme
» une balance qui oscille perpétuellement en équilibre. Ce
» n'est certes pas moi qui la ferai pencher. Tout ce que fait
» l'un, l'autre le dit. J'ai la tête brisée, le cœur fendu. — Je
» suis lasse d'être gouvernementale. — Je m'enfuis en congé,
» chez une bonne vieille tante — madame de la Guibourgère.
» — Je m'ordonne un repos absolu. — Ils se suivent, quand
» se dépasseront-ils? Il en sera ce qu'il plaira à Dieu! »

LA FEMME DE CHAMBRE, *entrant.*

— Madame, M. de Sparr et M. de Chelles.

MADAME DE CHELLES, *avec humeur.*

— Je n'y suis pour personne.

SCÈNE XII.

LE CHATEAU DE LA GUIBOURGÈRE. — LA CHAMBRE DE
MADAME DE CHELLES.

Une heure du matin.

MADAME DE CHELLES, seule lisant.

« AURÉLIE,

» Mes forces sont à bout. Je voulais ne pas me rendre;
« soyez généreuse. Je suis à Vannes pour affaire de famille,
» — à dix minutes de vous. Vous savez si cet amour, qui est
» ma vie depuis un an, est pur de toute vanité. — Pour vous,
» j'ai su rendre le monde, ce géant Argus, cent fois aveugle!
» Je connais la Guibourgère. Avant minuit il fera nuit noire;
» à deux heures, je serai sous vos fenêtres. — Grâce! il faut
» que je vous voie. — Ne vous offensez pas. — Je n'irai qu'à
» genoux!

» SEPTIME DE S...
» sous-secrétaire d'État au département
» de l'intérieur. »

» Il y a un changement de ministère. — Qu'est-ce que cela
» pour moi? — M. de Viraville avait accepté. — Il part. Je
» reste pour être moins indigne de vous. » (*Elle baise la
lettre.*) — Oh! mon Dieu!

MADAME,

» J'étais à Rennes, au conseil général, quand j'apprends

» une nouvelle qui peut changer ma vie! — Je suis minis-
» tre!—L'être sans vous,—est-ce possible? Suis-je assez haut
» pour m'humilier? — Pardonnez à M. de Chelles, parce
» qu'il a beaucoup aimé madame de Chelles. — Car vous avez
» pénétré les angoisses de ce pauvre cœur dont vous êtes le
» sang! — J'ai jusqu'à demain pour accepter. — A dix heures
» du soir — personne ne m'aura vu sortir, je serai hors de
» Rennes, et par une route de traverse abandonnée, — le che-
» min des amoureux, — le plus court! (car je veux, si vous
» le voulez, que le monde ne sache rien), — j'arriverai sous
» vos fenêtres — à deux heures. Je me remets entre vos
» mains. — Gardez-moi.

Régis de C...
» ministre de l'intérieur. »

Ministre! — Le pauvre homme! Vingt lieues à cheval. (*Elle baise la lettre les larmes aux yeux.*) — On dirait, tant il bat, que mon cœur s'emporte. — Que faire? — appeler? — Mon front me brûle les mains! (*Elle se met à sa fenêtre.*) Ce calme m'épouvante. — Je ne veux pas! — Non! — non! (*Elle aperçoit un jardinier qui, armé d'une carabine, garde les espaliers. — Elle pousse un grand cri. — Deux heures sonnent. — On entend un coup de feu. — Un rayon de lune au fond du jardin. — M. de Sparr qui escalade un mur. — A cent pas de la fenêtre, le jardinier évanoui de son courage. — M. de Chelles dans la chambre de sa femme.*)

MADAME DE CHELLES, *embrassant son mari*:

— Bonsoir, Excellence, tu n'es pas blessé?

SCÈNE XIII.

CHEZ LA DUCHESSE DE D***

MADAME D'U...

— Qu'est-ce qu'on dit des élections?

MADAME N...

— A propos d'élections, — Cette chère madame de Chelles (qui l'aurait pensé?) vient, dit-on, de faire un élu, pas précisément du parti de l'ordre.

PLUSIEURS VOIX.

— Est-ce sûr?

MADAME N...

— Plus de vingt personne, me l'ont dejà confié. — Seulement on se perd en conjectures sur le personnage. (*Tous les regards interrogent la duchesse.*)

LA DUCHESSE DE D***

— Oui, Mesdames, oui; madame de Chelles a un amant.

VOIX SUPPLIANTES.

— Oh! dites-nous qui?

LA DUCHESSE DE D***

— M. de Chelles.

.....PASSIONNÉMENT—PAS DU TOUT

PROVERBE EN UN ACTE ET CINQ JOURNÉES.

PERSONNAGES

Madame D'ESSOMMES, jeune veuve.
Madame RIQUELET, son amie intime.
Monsieur RIQUELET.
Monsieur DE SALUCES, jeune veuf.
Madame D'HAUSSEVARD, 45 ans.
Monsieur DES VIGNES, notaire.
Mesdemoiselles DE BELSÉANT, jumelles, 50 ans.

.....PASSIONNÉMENT
PAS DU TOUT

SCÈNE I.

LA CHAMBRE A COUCHER DE MADAME RIQUELET, RUE DE GREFFULHE.

AMÉDINE D'ESSOMMES, en toilette de visite, MÉLANIE RIQUELET, en peignoir.

AMÉDINE, *continuant.*

.... Trente ans; une pâleur charmante, de l'esprit et des moustaches célèbres....

MÉLANIE, *interrompant.*

C'est donc M. de Saluces ?...

AMÉDINE.

C'est toi qui l'as nommé !... Je voulais me garder ce secret-là.

MÉLANIE.

J'aurais dû le savoir avant toi.

AMÉDINE, *continuant*.

Se mettant fort bien, n'est-ce pas?... la couleur de cheveux que je préfère.

MÉLANIE, *cherchant*.

Châtain-cendré.... je crois ; M. d'Essommes n'était-il pas aussi châtain-cendré ?

AMÉDINE.

Hélas! (*Reprenant*). Il m'écrit des lettres charmantes où il n'y a pas un point d'admiration dont on puisse s'offenser... il m'envoie des bouquets suppliants...

MÉLANIE, *interrompant*.

N'en dis pas tant de bien ; tu as l'air de te moquer de M. Riquelet!

AMÉDINE, *continuant*.

Il fait si bien parler les fleurs... Il a mille soins pour moi... de ces prévenances fines... de ces sollicitudes que devine seule la personne aimée....

MÉLANIE.

Et qui aime...

AMÉDINE.

Nous verrons! — Ah! ma chère... ce pauvre M. d'Essommes...

MÉLANIE.

Allons! tu as quitté le deuil avant-hier, mais depuis longtemps tu avais le cœur à peu près en rose.

AMÉDINE.

Méchante! On voit bien que tu n'as jamais été veuve!

(*Réfléchissant.*) Tout bien considéré..... M. de Saluces..... Léonce! un joli nom! — Ah! tu sais qu'il sera très-incessamment du conseil d'État! — Oui, jamais je ne me suis sentie si légère, si jeune, et si tu n'étais pas là, je dirais presque... si jolie!

MÉLANIE.

Ne fais donc pas attention à moi.

AMÉDINE.

Enfin il me semble que c'est ma meilleure saison... et peut-être que d'ici à quinze jours...

MÉLANIE, *interrompant*.

Madame d'Essommes sera très-certainement *la plus heureuse des femmes!*

AMÉDINE, *d'un ton de reproche*.

De l'envie?

MÉLANIE, *lui prenant tendrement les mains*.

Oh! non, ma bonne Amédine... (*Tristement*), ce n'est pas même de l'émulation!

AMÉDINE.

Pauvre Mélanie!... Voyons, je me sauve... il est entendu que c'est un secret d'État.

MÉLANIE.

Bouche close!.. c'est comme si tu ne m'avais rien dit.

AMÉDINE.

Je me recommande à toi... D'ailleurs, vois-tu, rien n'est encore fait; adieu, petite.

MÉLANIE.

Adieu, madame de Saluces !

AMÉDINE, *se retournant en souriant.*

Attends donc !

SCÈNE II.

UN SALON CHEZ MADAME D'HAUSSEVARD, RUE SAINT-LOUIS-EN-L'ILE.

M. ET Madame RIQUELET, M. DES VIGNES, Madame D'HAUSSEVARD, Mesdemoiselles DE BELSÉANT, autres invités.
(Les femmes autour d'une table de travail, les hommes debout près de la cheminée.)

M. RIQUELET.

Et les fonds, monsieur Des Vignes ?

M. DES VIGNES, *avec un peu d'humeur.*

Il n'y a pas eu de bourse aujourd'hui, monsieur Riquelet.

MADAME RIQUELET.

Monsieur Riquelet, vous êtes bien ennuyeux avec *vos fonds*.

M. RIQUELET, *avec importance.*

Madame, la bourse est le thermomètre de l'opinion publique.

MADAME RIQUELET.

Taisez-vous donc, monsieur Riquelet..... — Ah! Mesdames, une grande nouvelle! (*Attention.*) Vous savez bien madame d'Essommes?

CHOEUR DE VOIX CURIEUSES.

Oui.

MADAME RIQUELET.

Elle se remarie! (*Sensation*).

MESDEMOISELLES DE BELSÉANT.

Elle se remarie!

MADAME RIQUELET.

Elle épouse... Je vous le donne en cent.

MADAME D'HAUSSEVARD.

Nous vous le donnons en mille, dites vite.

MADAME RIQUELET.

M. de Saluces.

PREMIÈRE DAME.

Ce jeune attaché d'ambassade...

DEUXIÈME DAME.

Revenu de Berlin le mois dernier?

MADAME RIQUELET.

Justement.

MADAME D'HAUSSEVARD, *bas à madame Riquelet.*

Nous l'aurons ce soir. (*Haut.*) Quoi, ce grand veuf et cette petite veuve?...

M. RIQUELET.

Fort avenante, ma foi !

MADAME RIQUELET, *à son mari*.

Vous trouvez, Alphonse ?

M. DES VIGNES, *cherchant*.

Parbleu, Saluces ! un charmant garçon... Il vient de relouer ses terres... un bail superbe !

M. RIQUELET, *avec respect*.

Ah ! il est riche !

MADAME D'HAUSSEVARD, *à madame Riquelet*.

Ce n'est pas encore officiel ?

MADAME RIQUELET, *un doigt sur les lèvres*.

Note communiquée !... chut !

MADAME D'HAUSSEVARD, *à madame Riquelet*.

Une petite coquette, entre nous (*Mélanie sourit*), et lui, dit-on, un cerveau brûlé ! — Et ils s'aiment ?

MADAME RIQUELET.

Ils s'adorent ! Oh ! mais comme on ne s'adore plus aujourd'hui !

MESDEMOISELLES DE BELSÉANT.

A présent les femmes sont trop faciles.

UN DOMESTIQUE, *annonçant*.

M. le comte de Saluces. (*M. de Saluces entre.*)

MADAME RIQUELET, *à part*.

Mon Dieu ! que M. Riquelet est laid !

SCÈNE III.

UN BAL CHEZ MADAME DE T......L, RUE D'ANJOU-SAINT-HONORÉ.

Quatorzième quadrille.

MESDEMOISELLES DE BELSÉANT, qui dansent ensemble. MADAME D'ESSOMMES, M. DE SALUCES.

M. DE SALUCES.

Ah! Madame, qui donc s'est permis de ridiculiser la contredanse? Si l'on ne *dansait* pas pour rire, pourrait-on causer pour de bon? (*Ritournelle.*)

MADAME D'ESSOMMES.

A vous, monsieur le comte.

M. DE SALUCES, *après l'avant-deux.*

Quelle chose singulière, n'est-ce pas, Madame!... garder toute une nuit le même sourire, paraître ravi de soi et des autres, être condamné à une inaltérable sérénité, tandis que le cœur bat...

MADAME D'ESSOMMES.

Comme après une valse.

M. DE SALUCES, *d'un ton sérieux.*

Oh! Madame, j'ai si besoin de courage!...

MADAME D'ESSOMMES.

Souriez donc!... on nous regarde!

M. DE SALUCES.

Si vous vouliez seulement me laisser entrevoir qu'il ne serait point trop hardi de ne pas désespérer...

MADAME D'ESSOMMES, *interrompant.*

Vous connaissez, Monsieur, ma position tout exceptionnelle, le second pas coûte plus que le premier : j'ai de l'expérience.

M. DE SALUCES.

Déjà, Madame?

MADAME D'ESSOMMES.

Et puis souvent l'on est en rose et l'on a le cœur en deuil! M. d'Essommes était si parfait pour moi! je l'aimais tant, et il le méritait si bien ; mon père lui avait dit : « Mon- » sieur D'Essommes, si je connaissais un plus honnête » gentilhomme, je ne vous donnerais pas ma fille. » (*Ritournelle.*)

M. DE SALUCES.

Enfin! un galant homme! — A vous, Madame. (*Avant deux.*)

M. DE SALUCES.

Et moi, Madame, suis-je donc plus heureux : une femme charmante! madame de Saluces était le modèle de toutes les vertus — et que j'aimais! — Il y a huit jours encore, je regardais une telle perte comme irréparable!

MADAME D'ESSOMMES.

Vous le voyez : nous avons eu tous les deux un de ces éternels souvenirs, une de ces blessures mortelles...

M. DE SALUCES.

Dont on guérit quelquefois... quand on oublie ensemble. Ah! Madame, s'il n'était pas impossible de vous voir?

MADAME D'ESSOMMES.

Mais, tous les mercredis, vous savez?

M. DE SALUCES.

Accordez-moi un unique jeudi!

MADAME D'ESSOMMES.

Un tête-à-tête... Je vous demande une heure pour réfléchir!

M. DE SALUCES.

Prenez-en deux, Madame, mais dites oui.

MADAME D'ESSOMMES.

On nous surveille, je ne pourrai plus vous dire un mot.

M. DE SALUCES.

Un signe de tête?

MADAME D'ESSOMMES.

C'est bien pis!... Tenez, si je valse avec M. Des Vignes, c'est que je consens. (*Elle s'éloigne.*)

(Une demi-heure après, en entend un prélude de valse.)

M. DE SALUCES, *à M. Des Vignes*.

Monsieur Des Vignes... vous qui êtes un beau cavalier, faites donc valser madame D'Essommes!

M. DES VIGNES.

Monsieur le comte, je vous dis cela à vous... mais il faut de la prudence : ma goutte a failli me reprendre hier soir.

M. DE SALUCES.

Oh! voilà qui est fâcheux... madame D'Essommes qui me disait tout à l'heure : « Vous ne croiriez pas, il y a ici des jeunes gens, eh bien! je ne vois que M. Des Vignes qui sache valser. »

M. DES VIGNES, *électrisé.*

Elle a dit cela! (*Il se lève brusquement.*) Madame D'Essommes veut-elle bien me faire l'honneur de m'accorder une valse?

(Trois heures du matin. Pendant que madame D'Essommes traverse un salon pour sortir.)

M. DE SALUCES, (*haut*) *à madame de T.....l.*

Ah! Madame, voilà un bal qui fera époque!...

SCÈNE IV.

UN PETIT SALON CHEZ MADAME D'ESSOMMES, RUE GODOT-DE-MAUROY.

Troisième jeudi.

MADAME D'ESSOMMES, brodant, M. DE SALUCES.

M. DE SALUCES, *après un moment de silence.*

Un temps magnifique!

MADAME D'ESSOMMES, *sans lever les yeux.*

Admirable!...

M. DE SALUCES, *s'approchant.*

Que faites-vous donc là, Amédine?

MADAME D'ESSOMMES.

Mais, vous voyez bien, Léonce, je brode.

(Un moment de repos.)

M. DE SALUCES.

En venant chez vous, je pensais à M. Riquelet...

MADAME D'ESSOMMES.

Ah! je croyais que vous alliez dire: je pensais à vous.

M. DE SALUCES, *à part*.

Quelle exigence! (*Haut.*) C'était une distraction. Mais ce Riquelet est si insupportable quand il gesticule politique avec son prétendu regard d'aigle... et ses six pieds d'envergure! C'est un sot tout du long!...

MADAME D'ESSOMMES.

Vous disiez jeudi dernier : il ne manque pas d'esprit!

M. DE SALUCES.

Et cette madame D'Haussevard!...

MADAME D'ESSOMMES.

Léonce, avez-vous remarqué une chose: on ne finit par médire, les trois quarts du temps, que lorsqu'on commence à n'avoir plus rien à dire.

M. DE SALUCES.

C'est une femme de beaucoup de tact que madame D'Haussevard.

(Silence.)

M. DE SALUCES.

Je ne sais comment cela se fait... il n'y a pas un nuage..... un soleil superbe!... et l'air est d'un piquant!...

MADAME D'ESSOMMES.

Fermez la fenêtre.

M. DE SALUCES, *en revenant.*

Vous êtes charmante aujourd'hui, Amédine.

MADAME D'ESSOMMES.

Ah ça! mais hier, mais demain?

M. DE SALUCES.

Vous savez, l'enseigne de ce barbier qui portait: *Ici on rasera gratis demain.* — Quand on vous dit: *Vous êtes charmante, aujourd'hui,* — chaque jour où l'on est, est cet aujourd'hui-là.

MADAME D'ESSOMMES.

Ah! rouvrez la fenêtre... toutes ces fadeurs me montent à la tête. (*A part.*) Il est ennuyeux à en mourir.

M. DE SALUCES, *à la fenêtre, à part.*

Je ne trouverai donc rien ce matin. (*Silence.*) Avez-vous lu la suite des *Mousquetaires*, Madame?

MADAME D'ESSOMMES.

Laquelle?

M. DE SALUCES.

Le Vicomte de Bragelonne.

MADAME D'ESSOMMES.

Non; c'est toujours à recommencer. (*Silence.*) Monsieur de Saluces?

M. DE SALUCES.

Amédine.

MADAME D'ESSOMMES.

Vous n'êtes pas des plus intéressants aujourd'hui.

M. DE SALUCES, *s'asseyant près d'elle.*

Madame, auprès des gens qu'on aime... la conversation est-elle vraiment ce qu'elle paraît être?... N'y a-t-il pas de ces moments solennels où les paroles les plus banales ont un sens nouveau, et où l'esprit ne se tait que pour mieux laisser parler le cœur?

MADAME D'ESSOMMES.

Ah! ceci est une délicieuse invention des faiseurs de romans, qui, à bout de sentiments et d'idées, mettent leur indigence sur le compte de la passion. Si le dialogue est vulgaire, c'est qu'ils l'ont fait exprès! Les choses les plus nulles acquièrent ainsi, par le sous-entendu, une valeur énorme. Ainsi, vous aimez une femme, vous êtes près d'elle, vous dites : il fait beau! cela veut dire : *je vous aime!* Le soleil est superbe, traduisez : *pour toute la vie!* Les sots, — fâcheux exemple, — monsieur le comte ; les sots, qui ont toujours beaucoup d'intentions, n'ont pas manqué de profiter de cette merveilleuse découverte. Désormais on pourra dire des niaiseries sans se compromettre. Tout, jusqu'au silence, devient spirituel. Il n'y aura bientôt plus moyen de ne pas être homme d'esprit!

M. DE SALUCES.

Au moins, ce qui n'est pas un paradoxe, Madame, c'est que je vous aime, tandis que vous.....

MADAME D'ESSOMMES, *d'un ton de reproche.*

Me soupçonner, Léonce!

M. DE SALUCES.

Au fait, on dit partout que nous nous aimons; mieux vaudrait avoir le bénéfice de la calomnie.

MADAME D'ESSOMMES.

Vous avez raison, il faut en finir avec ces bruits-là!

M. DE SALUCES.

Hâter notre bonheur.

MADAME D'ESSOMMES.

Et puis, si c'est un bonheur, le garder pour nous seuls. Nous voyagerons; n'est-ce pas?

M. DE SALUCES.

Nous voyagerons, Amédine, et vous vous apercevrez que les sept huitièmes des cinq parties du monde ne valent pas les environs de Paris.

MADAME D'ESSOMMES.

Puis, j'entends me rendre avec tous les honneurs de la guerre... Je recevrai qui je voudrai, je pourrai aller où bon me semblera... Je resterai ma maîtresse...

M. DE SALUCES, *à part*.

Absolument madame de Saluces! (*Haut.*) Comment, Amédine, mais c'est moi qui suis à vos pieds.

MADAME D'ESSOMMES.

Oh! vous autres, quand vous vous mettez à nos genoux, c'est pour mieux nous lier les mains!

M. DE SALUCES, *à part*.

Elle ne me dira pas : relevez-vous!

MADAME D'ESSOMMES.

Puis, nous aurons des soirées intimes... nous verrons les artistes, les gens de lettres...

M. DE SALUCES.

Est-ce que vous écrivez, Amédine?

MADAME D'ESSOMMES, *un peu piquée.*

Mais j'ai deux actes au Théâtre-Français!... Vous êtes sans doute de ceux qui pensent que les femmes sont faites pour ourler des mouchoirs?

M. DE SALUCES.

Non, Amédine, mais pour les broder!

MADAME D'ESSOMMES, *à part.*

Tout à fait M. D'Essommes! (*Haut.*) Monsieur de Saluces, regardez-moi bien.

M. DE SALUCES, *à part.*

Un bas de soie bleu! (*Haut.*) Voilà, Madame, un ordre qui est une faveur!

MADAME D'ESSOMMES, *à part.*

Une phrase! un autre au moins aurait eu le bon goût d'être ému. (*Haut.*) Comment prononceriez-vous : *Je vous aime un peu,* — vous savez que je *vous aime beaucoup.* Je dis cela...

M. DE SALUCES, *à part.*

Comme un : Dieu vous bénisse. (*Haut.*) Je prononcerais ainsi : *Je vous aime passionnément.*

MADAME D'ESSOMMES, *se levant.*

Tenez, Comte, je vois que *nous ne nous aimons pas du tout.*

M. DE SALUCES, *prenant son chapeau.*

Sans rancune, Madame.

MADAME D'ESSOMMES.

Avec rancune, monsieur le comte, s'il vous plaît. (*Il salue froidement et sort.*)

SCÈNE V.

CHEZ MADAME D'HAUSSEVARD.

M. ET Madame RIQUELET, M. DES VIGNES, Mesdemoiselles DE BELSÉANT, Madame D'HAUSSEVARD, etc.

MADAME RIQUELET.

Vous ne savez pas le bruit qui court?

MADAME D'HAUSSEVARD.

Non!...

MADAME RIQUELET.

Madame D'Essommes ne se remarie plus!

MESDEMOISELLES DE BELSÉANT.

Elle ne se remarie plus!

MADAME RIQUELET.

Vous vous rappelez que madame D'Essommes adorait toujours son mari...

M. DES VIGNES.

Il est impossible d'être plus regretté...

MADAME RIQUELET.

Vous savez aussi que M. de Saluces ne pouvait se consoler de la perte d'une femme chérie...

MADAME D'HAUSSEVARD.

Il avait toujours l'air d'être en oraison funèbre,

MADAME RIQUELET.

Enfin... des amours posthumes!... Eh bien! M. de Saluces déteste Amédine parce qu'elle ressemble à sa première femme, et Amédine ne veut plus de M. de Saluces parce qu'il ressemble à son premier mari!

MESDEMOISELLES DE BELSÉANT.

Il est si difficile d'être aimé deux fois!

UN DOMESTIQUE, *annonçant.*

M. de Saluces. (*Chuchotements; M. de Saluces entre.*)

MADAME RIQUELET, *à part.*

Décidément... c'est un fort joli homme!

M. RIQUELET.

Et *les fonds*, monsieur Des Vignes?

MÉPHISTOPHÉLINE

MÉPHISTOPHÉLINE

> Où le vice va-t-il se nicher?

On a de nos jours, ce me semble, fait la part trop belle aux vices faciles, qui ont volontiers l'air de mœurs élégantes. La jeunesse parait être un ridicule qu'on tâche d'atténuer par un persiflage caduc. Le roman a tué l'amour; on a pris les douleurs réelles pour des contrefaçons. Le vent, d'ailleurs, n'est plus aux passions folles. Jadis on se mettait à l'ombre pour avoir une maîtresse; plus tard, on la promenait en plein soleil; demain, on n'aura même plus de maîtresse! Il faut avoir énormément d'esprit pour laisser voir un peu de cœur. Nous sommes à cent lieues de Ninon, de Manon Lescaut et de la Bernerette d'Alfred de Musset. Les grandes amoureuses ont disparu avec les petites héroïnes. Les fils de famille appartiennent à une corporation de bohémiennes rapaces, stupides, bien nourries et splendidement harnachées, qui secouent fièrement leur insolence au nez de la pauvre honnêteté mal vêtue. Vendues d'abord par leurs mères, elles finissent par se coter elles-mêmes. Les vignettes les immortalisent; on fait des chansons pour elles et des vaudevilles de luxe. Ce sont elles qui déflorent les jeunes imaginations et les modes nouvelles. Les plus habiles entrent à quelque théâtre, où, moyennant quinze cents francs d'appointements, qu'elles paient au directeur, elles ont le droit d'entretenir de leurs fermiers-généraux un public émerveillé. Qu'on nous ramène plutôt à Ducray-Duménil ou à madame Cottin. Nous préférons de beaucoup la foi gothique au scepticisme qui court les rues; et, si nous sifflons sans pitié ce plagiat terne d'une corruption étincelante, c'est moins par indignation vertueuse que par dégoût.

I

Un gant difficile.

Le jour tombait; la rue s'emplissait de bruit. C'était un samedi de carnaval. Une jeune femme, à la fenêtre d'un sixième étage, achevait d'emprisonner sa main droite dans un gant de couleur tendre. En face d'elle, debout aussi à sa fenêtre, un jeune homme regardait machinalement cette minutieuse et dernière coquetterie de la toilette. En relevant la tête par un mouvement d'impatience, la jeune femme aperçut son voisin immobile. Elle s'éloigna un peu, revint, puis retrouvant encore ce regard qui ne la quittait pas, elle ferma la fenêtre d'un geste brusque, croisa les rideaux et descendit, la main droite à moitié gantée.

II

Le petit doigt du diable.

Dans un de ces soupers d'Opéra, où l'on casse les verres pour trouver la gaîté, après qu'on est las de les vider en cherchant l'esprit, comme s'allanguissait le cliquetis des propos et des fourchettes, que les voix devenaient rauques et les paupières lourdes ; à cette heure blafarde enfin où se dénouent si piteusement les intrigues vulgaires, il se rencontra une fois une bonne fortune qui n'était pas sur la carte.

Un petit domino couleur de lune, dont l'esprit avait voyagé silencieux jusque-là autour de son assiette, tout d'un coup débarrassa d'un loup de moire la figure la plus neuve et la plus chiffonnée, et se mit à dire avec des timbres de voix singuliers des choses si sensées et si folles, que ce carillon inattendu produisit sur les convives l'effet d'un réveil-matin.

Toutes les lèvres furent décousues par un éclat de rire; les yeux se rallumèrent; on demanda du vin, et le dieu Morphée s'enfuit tout confus du Café de Paris.

Les quelques femmes, qu'un demi-hasard avait amenées là, regardaient d'un air inintelligent et curieux. L'inconnue, le front dans la main, le coude appuyé sur la table, le visage pâle, les lèvres serrées comme pour contenir une ironie prête à déborder, enfonçait avec sa parole aiguë l'éclat de ses yeux noirs dans le cœur de tous les convives.

Comme un moment de silence se faisait :

— D'où viens-tu? demanda un financier, le baron Alexandre de Turbeaune, qui jugeait le « tu » d'un heureux débraillé.

— Mon cher, vous savez qu'aux jours de révolutions, on voit sortir, comme de dessous terre, des légions de figures étranges qui ne se montrent que dans ces occasions-là. Eh bien! aux jours d'Opéra, on voit sortir aussi de dessous un domino des têtes de femme qu'on n'a vues sur les épaules de personne.

— A l'exception..... interrompit le financier avec une inflexion galante...

— A l'exception, mon cher Turcaret, que celles-là — et elle secoua un torrent de cheveux mal retenus par une digue d'écaille, — on ne se cache pas dans la cave pour les voir passer.

Le baron de Turbeaune sourit comme s'il avait entendu une médisance.

— Et comment vous nomme-t-on, beau masque, et plus joli visage? dit un avoué, maître Heurteloup, qui dénouait sa cravate blanche.

— Est-ce que nous avons une famille, nous autres! répondit-elle avec quelque amertume.

— Pardon, reprit l'avoué, mais...

— Ah ! j'entends ; vous ne vous inquiétez pas de celui-là. Eh bien ! Messieurs, l'autre,—le nom de fantaisie,—je ne l'ai pas.

— Baptisons-la, cria la voix d'un jeune gentilhomme.

— Baptisons-la, répéta en chœur l'assemblée, sans prendre souci du courroux croissant de ces dames.

— Garçon ! du sillery et de la glace.

— Allons, dit le domino couleur de lune, ce sera un baptême au champagne frappé.

Les coupes se remplirent : une consultation eut lieu entre deux avocats, un journaliste qui ne riait jamais, l'avoué et le financier ; chacun jetait en l'air un nom qui retombait sur une moue décourageante de l'inconnue. A la fin, comme la chose allait tourner en querelle :

— Ah bah ! interrompit-elle, vous allez décanoniser quelque sainte ; laissez-là le calendrier, et puisque vous avez si peu d'imagination, parlons d'autre chose. — Vous m'appelleriez peut-être malgré vous, *Juliette,* comme votre femme, monsieur le baron, une femme honnête, songez donc. — Le baron devint rêveur. — *Lara,* comme votre maîtresse, mon petit vicomte, un de ces noms qui tiennent du nom de course et du nom de femme ; ou tout uniment, mon gros châtelain, *Rébecca,* comme la plus belle bête de votre écurie. — Ne prenez pas tant de peine, puisqu'on est fils ou fille de ses œuvres, je porterai le nom des miennes.

M. de Turbeaune, quoiqu'il pensât que cette interpellation à son adresse était une suite naturelle de l'intrigue, sentait rentrer sa bonne humeur. Les autres convives paraissaient un peu étourdis.

— Allons, Messieurs, reprit le domino, qu'il soit dit qu'une fois par hasard, dans une partie de plaisir, vous vous êtes amusés ! Vous buvez le champagne comme on boit la ciguë ; trouvez le vin mauvais si vous le voulez, mais, si vous le pouvez, grisez-vous.

Une quinzaine de bouchons sautèrent au plafond ; les bougies se mouraient ; le jour commençait à naître ; la mousse frémissait dans les coupes ; les cerveaux pétillèrent un instant.

— Sans nom, qu'est-ce que l'amour, demanda l'imprudent banquier.

— Oui, qu'est-ce que l'amour, appuyèrent et le journaliste qui ne riait jamais et l'avoué ?

Le domino couleur de lune devint plus pâle encore, et dans un silence solennel.

— L'amour ! mon cher Turcaret, c'est une énigme que madame de Turbeaune vous donne à deviner tous les matins et dont M. Tristan de Ruppé a le mot tous les soirs.

— L'amour ! maître Heurteloup, c'est une charade sans fin. Le premier, c'est vous ; le second, c'est M. Raoul de Fresnes, et l'entier, c'est madame Heurteloup !

— L'amour, mon grave journaliste, c'est un rébus qui vous tourmente autant que votre femme s'en amuse, et dont vous n'avez jamais eu l'indiscrétion de demander le secret à M. Maxence d'Agnès.

Une stupeur générale suivit cette triple définition. L'indication était publique et précise. Les trois maris étaient atterrés, les femmes souriaient avec inquiétude, les amis et les indifférents essayaient de se donner une contenance consternée.

Quand le baron, l'avoué et le journaliste songèrent à l'inconnue, le domino couleur de lune avait disparu, et, laissant le reste des convives en pays conquis, tous trois s'élancèrent dans la rue, d'un pas rapide et comme voyant clair à travers les fumées du champagne et les brouillards du matin.

III

Trois nœuds gordiens.

Le surlendemain, comme de petits nuages roses annonçaient le soleil, six voitures parties de différents points venaient aboutir, comme les rayons d'un cercle au centre, à un immense rond-point du bois de Meudon. En face de Tristan de Ruppé, qui sautait légèrement de son coupé une boîte de pistolets à la main, le baron Alexandre de Turbeaune mettait pied à terre, défait comme un malfaiteur, mais ponctuel comme un caissier..

Il avait été décidé, de peur de trop fâcheux éclats, que les six adversaires se battraient deux à deux, et qu'à chaque fois les quatre autres leur serviraient de témoins. — La veille, un pari monstre avait été ouvert au Café de Paris. — Le baron se battra, — il ne se battra pas. Et le courage du banquier avait, comme sa poltronnerie, six ou sept cents louis de cautionnement.

Le lieu du rendez-vous était prudemment arrêté. Un pavillon désert, qui avait servi à quelque café, maintenant abandonné, protégeait les combattants, qu'eût pu trahir du côté de la route le taillis dépouillé.

Les six adversaires se saluèrent gravement. Maître Heurteloup avait pris une cravate noire, et le journaliste son visage d'homme d'État.

On tira lentement les pistolets de leur étui. Le baron les regardait sortir, comme un patient obligé de compter pièce à pièce la trousse d'un chirurgien. Les trois jeunes gens causaient à voix basse.

— Messieurs, dit alors d'Agnès, qui avait les pieds dans une couche humide de feuilles mortes, permettez-nous de vous faire une proposition. Il y aura économie de temps. Marchons trois contre trois, et, au signal donné, faisons feu.

L'avoué grelottait, le journaliste tremblait, les dents du baron claquaient. — On accepta.

— Oui, mais, reprit maître Heurteloup d'un ton bref, qui donnera le signal et qui chargera les armes ?

— Pardonnez-moi, Messieurs, une indiscrétion que je puis réparer par un service, dit une voix claire, tandis que s'ouvraient les deux battants d'un contrevent.

C'était l'inconnue, en amazone, une cravache à la main.

Une lueur d'espoir parut éclaircir le front du banquier.

On remit successivement les pistolets à l'inconnue. En s'approchant à son tour, M. de Turbeaune trouva un son de voix insaisissable pour lui glisser à l'oreille : « Vingt mille francs ! — A poudre ! »

Elle lui répondit par un regard d'intelligence. Le banquier respira et prit même, en se retournant, une allure cavalière qui surprit beaucoup M. de Ruppé.

— En place! s'écria l'inconnue en rendant à chacun son arme chargée.

Les six adversaires se placèrent sur deux lignes, à vingt-cinq pas de distance, en long et en large.

Une! — Les six pistolets se dévisagèrent.

Deux! — On se mit en marche.

Trois! — Six coups de feu se confondirent dans une même détonation, et le baron de Turbeaune tomba évanoui, une balle dans l'épaule et le bras gauche ensanglanté ; les autres balles étaient allées se loger en sifflant dans les gros arbres du taillis.

Il y eut le même soir une grande rumeur au boulevard. Un pari sûr venait d'être perdu. Le baron Alexandre de Turbeaune passait pour un fieffé duelliste, et MM. de Ruppé, de Fresnes et d'Agnès, réunis pour la première fois par une conformité d'aventures, dînaient joyeusement.

Tous trois cherchaient depuis longtemps, et très-inutilement, un moyen paisible de rompre une liaison devenue insupportable. Le moyen violent leur avait réussi. Ils étaient libres, et le soir même chacun d'eux écrivait à sa maîtresse une lettre trempée de toutes les larmes d'une séparation nécessaire. Comme disait en riant de Ruppé, qui depuis longtemps était trop bien avec madame de Turbeaune pour ne pas se trouver très-mal, le pistolet d'Alexandre avait tranché le nœud gordien!

De leur côté, les trois femmes, sans deviner cette héroïque rouerie, en tirèrent un merveilleux parti. Elles persuadèrent à leurs maris qu'elles avaient amené ce duel pour les obliger à en finir avec des bruits perfides, et se plaignirent hautement d'être sacrifiées à des déesses d'Opéra. Les trois maris n'eurent d'autre recours en grâce qu'un sincère repentir.

Quinze jours après le baron de Turbeaune se levait pour la première fois.

Le lendemain matin, une jeune femme était introduite dans son cabinet particulier, et lui réclamait 100,000 francs.

C'était l'inconnue du souper et du duel.

— 100,000 francs ! fit le banquier en bondissant dans sa robe de chambre.

— Vous avez maintenant une réputation qui les vaut bien, dit froidement l'inconnue ; aimez-vous mieux que tout Paris sache. —

Le financier la regarda d'un œil de mousquetaire.

— Nous nous reverrons, n'est-ce pas ? dit-il ; c'est bien cher.

— Ce n'est qu'un à-compte ! monsieur le baron.

IV

Un album inédit.

Il n'était plus question, dans ce monde qui tourne autour d'une tête d'épingle, que du domino couleur de lune. Depuis les révélations du souper, on ne l'appelait plus que *la lune rousse*. Quinze jours se passèrent, pendant lesquels la curiosité fut savamment irritée par une absence habile. Pour être il faut paraître, a-t-on dit; il y a des théories mondaines qui ont à leur service deux vérités contradictoires; pour être, il faut aussi disparaître. Le troisième soir de la convalescence de monsieur de Turbeaune, on retrouva à l'Opéra le domino, qui tint à distance, par sa façon dédaigneuse, un groupe nombreux, qu'il attira par son esprit.

Monsieur de Turbeaune parut vers deux heures du matin, tout fier de promener ce bras, qu'il devait si longtemps conserver en écharpe, et eut l'honneur d'avoir un tête-à-tête avec l'inconnue. Le banquier était de ces gens qui font valoir les femmes dont ils s'occupent, comme les affaires dont ils se mêlent. Le jour venu, mille invitations se disputèrent l'inconnue ; mais le domino couleur de lune s'éclipsa sans y répondre, et le baron fut admis, à grand'peine, à mettre sa voiture à sa disposition.

Qui était-elle ? que signifiait cet incognito persévérant, et quand devait-on la revoir ? C'est là qu'avait échoué la diplomatie de monsieur de Turbeaune. Après tout, ce n'était pas une de ces rencontres qu'on oublie. Elle était Parisienne jusqu'au bout des ongles, avec une main faite pour être baisée de ceux qu'elle eût souffletés, et un regard qui aveuglait tout en glaçant. Près d'elle pâlissaient toutes ces célébrités obscures, qui apprennent la beauté et l'esprit comme on apprend l'orthographe, — en huit jours.

Le mardi suivant, on lisait sur l'affiche d'un théâtre : — Pour le début de Mademoiselle.... 1re représentation de.... — C'était, disait-on, une causerie écrite tout exprès pour l'inconnue du souper. — Sa conversation de la veille peut-être, qu'elle reproduisit ou créa avec une toilette délicieuse.

Monsieur de Turbeaune avait loué toutes les galeries du haut, d'où partit, en même temps qu'une grêle d'applaudissements venue d'en bas, une pluie d'orage de bouquets. L'inconnue avait produit une sensation singulière, et le rideau se baissa comme un rêve qui se termine, sur l'étonnement d'un public d'élite, pourtant bien éveillé. Le jour suivant, l'affiche redevenait la réalité de tous les jours. Le bruit se répandait que Mademoiselle ..... portait le deuil d'un amant tué pour elle, le lendemain de son premier et dernier début.

L'opinion publique, sérieusement entreprise, commençait à s'égarer en mille suppositions absurdes, quand l'inconnue, dans une invitation pour un grand bal, découvrit enfin sa demeure. Vers minuit, il y eut dans la cour encombrement de voitures armoriées ; un escalier, large comme un perron,— tapissé de velours et ruisselant de lumières, avec une rampe de fleurs, conduisait à plusieurs salons d'un haut style, où résonnait, invisible, une musique exquise. La fête était magnifique et coûtait 100,000 francs de plus au banquier. Mais monsieur de Turbeaune, le regard triomphant, persuadé qu'on ne voyait que lui, traversait et retraversait l'enfilade des salons avec son bras en écharpe, répété par la flatterie de toutes les glaces.

Après un souper servi tout en or, et digne d'être le premier repas du jour de la résurrection, une surprise étrange tripla l'animation universelle : autour d'une table couverte de keepsakes, on lisait à mi-voix le plus curieux des albums. Chaque feuillet était un autographe de femme du monde, une lettre intime, une confidence d'alcôve, secrets gardés à double serrure, et qui, le lendemain, coururent toutes les bouches. La plupart laissèrent passer la chose avec philosophie,— mais il s'en suivit, une séparation superbe, qui fit pendant un mois le régal du public,— un emprisonnement d'éclat, un homicide par imprudence, dont l'auteur fut acquitté par les jurés, tous mariés, enfin la catastrophe fournit au couvent deux recrues du meilleur monde : l'une pour les *Chartreux*, l'autre pour les *Carmélites*.

Trois jours après, l'inconnue alla faire quelques compliments de condoléance au baron de Turbeaune, proche parent d'une des victimes. Le banquier était sorti. Elle laissa son nom déjà connu dans son propre hôtel : *Mademoiselle Méphistophéline*, disait la carte de visite : *Mademoiselle Féline*, disait la portière.

V

Haine pour mépris.

Le propre de ces femmes qui atteignent les premiers degrés de l'échelle sociale, — en la montant à rebours, c'est d'être implacables pour ceux qui ne dépassent pas les degrés du milieu, et se croient le droit de les humilier pour avoir monté l'échelle à l'endroit. Elles ne pardonnent pas plus qu'on ne leur pardonne. Le monde est inflexible ; on a beau prouver qu'il se commet derrière les convenances beaucoup de fautes moins dignes de pitié, les paradoxes les plus gros de vérité, les plus éloquents plaidoyers ne feront jamais qu'une femme qui se donne, sans certaines formalités, ne soit pas avilie. La majorité règne et gouverne ; les esprits généreux forment la minorité, encore les trois quarts se taisent-ils par nécessité ou faiblesse.

Du premier élan, Méphistophéline avait pris son rang ; elle s'était bien gardée de ce tort irréparable : débuter dans la vie dorée par quelque passion irréfléchie. Au delà du baron de Turbeaune, qu'on taxait encore de fatuité, on ne savait rien d'elle. Les esprits positifs ont une estime involontaire pour les cœurs positifs : Méphistophéline était adulée, enviée et crainte.

Les délicatesses du luxe allaient au-devant d'elle ; les reposoirs de la vanité s'échelonnaient sur sa route ; elle avait pris un moyen sûr d'être toujours à la mode, c'était d'avoir sur la mode une éternelle avance de vingt-quatre heures. Mais, au sein de cette existence, qui n'était pas même troublée d'un pli de rose, un tourment la dévorait. Jetée, malgré elle peut-être, dans ce milieu fatal, il lui répugnait, elle qui dominait tant d'autres par une supériorité réelle, qu'une femme de la dernière condition pût la regarder du haut de son honnêteté ; et, pour frapper un coup décisif sur une loi sévère qui ne l'épargnait pas plus qu'aucune autre, elle n'attendait qu'une insulte.

Un soir, aux Italiens, Maxence d'Agnès avait au bras Méphistophéline, qui inaugurait une parure nouvelle. Les yeux lumineux, la gorge nue, dans un feu changeant de pierreries, elle venait de traverser, suivie d'un chœur à bouche close d'admiration, le couloir qui la ramenait à sa loge. — Et pourtant, aux yeux exercés des femmes du monde, quelque chose trahissait dans cette mise splendide quelqu'un qui n'était pas des leurs.

Extérieurement, elle était aussi digne d'être duchesse que l'héritière de tel duché, mais il lui manquait — peut-être ne l'avait-elle qu'oublié — ce *je ne sais quoi*, qui pour tant de femmes tient lieu de tout le reste.

Dans une loge voisine de la sienne, elle entendit distinctement ceci :

— En vérité, *ces créatures-là* finiront par prendre partout notre place.

Une voix d'homme répondit presque bas quelque chose qui avait l'intention d'être énormément spirituel.

D'Agnès, tout entier à Grisi, n'avait rien entendu.

Méphistophéline tressaillit, se pencha doucement, mais ne put voir.

— Quelle est cette jeune femme à côté de nous, demanda-t-elle à d'Agnès, qui, debout, plongeait tout entier sur la loge.

— Madame de Vranches.

— Et qui est près d'elle ?

— Son mari.

— L'aime-t-elle ?

— Autant à elle seule que les neuf cents femmes de Salomon aimaient leur maître et seigneur.

Peu de temps après, Méphistophéline entendit une voix qui disait :

— Marguerite, la voiture nous attend.

— Tiens, Marguerite ! — répéta Méphistophéline avec un sourire mnémonique. — Et elle sortit avec sérénité : la sérénité d'un ciel pur qui éclaire une mauvaise action.

Trois jours après, on annonçait que mademoiselle Méphistophéline était en voyage pour cinq ou six mois.

VI

Marguerite.

L'hôtel de Vranches, situé rue Saint-Dominique, était une antique bonbonnière située entre cour et jardin. Vieille demeure, jeune ménage : mademoiselle de Neuflieu venait d'épouser monsieur de Vranches, assez joli homme, fort amoureux de sa femme, et avec autant d'esprit qu'il en faut pour être heureux. Madame de Vranches, de son côté, était folle de son mari. — Elle aura bientôt des moments lucides, disait d'Agnès qui la détestait. Madame de Vranches était une femme de petite taille, d'un embonpoint *fort appétissant*, assez sèche de ton, et élevée dans le respect progressif des généalogies. L'aristocratie n'en est pas moins en France la classe qui a le plus libéralement rompu avec les préjugés de toute espèce, tout en conservant la tradition des grandes manières. Madame de Vranches ne disait pas *mes gens*, et n'appelait pas ses fournisseurs *vilains* ; mais elle eût difficilement reçu dans son salon un nom même si bien lavé qu'on n'y vit plus la tache originelle ; ses pairs eux-mêmes la jugeaient quelque peu hautaine.

Une dépendance de l'hôtel, séparée du corps de logis par une cour et des remises, et qui ne donnait que sur une rue déserte, se trouvait à louer depuis longtemps. Au retour d'un voyage de quelques semaines, madame de Vranches trouva cette dépendance occupée. Une jeune veuve, madame d'Espandes, qui arrivait d'Italie avec des projets de retraite et d'éternels regrets, était venue s'établir là avec une femme de chambre.

Elle ne sortait jamais que pour aller aux offices, et avait payé une année d'avance. Le tout était assez indifférent pour madame de Vranches qui avait son mari pour intendant. Le lendemain, monsieur de Vranches, en qualité de propriétaire, se présenta chez madame d'Espandes, et ne put être introduit ; mais, deux jours après, la jeune veuve rendait la visite, et était reçue par madame de Vranches.

La conversation, officielle tout d'abord, tomba bientôt sur *la perte douloureuse* que venait de faire madame d'Espandes. La tristesse sincère de la jeune veuve, sa pâleur, qui disait encore mieux tout ce qu'elle souffrait encore, touchèrent profondément madame de Vranches, par une sympathie facile à comprendre. Là où était son bonheur, était précisément l'infortune de madame d'Espandes ! Et quand la jeune veuve se retira, coupant court à ce trop pénible sujet, et presque repentante d'être sortie de sa réserve, madame de Vranches, émue, lui promettait d'aller, non pas la consoler, mais *se désoler* quelquefois avec elle.

Le lendemain, Marguerite tenait sa parole ; sa visite sembla jeter un demi-jour dans l'esprit si sombre de sa voisine.

La jeune veuve, par sa distinction, son air modeste, le son pénétrant de sa voix, acheva de se concilier madame de Vranches. Née de Champagnac, madame d'Espandes était alliée à toute la noblesse du Midi; elle flatta l'orgueil de madame de Vranches en énumérant les greffes de son arbre généalogique : Marguerite la quitta, enchantée de la jeune veuve et d'elle-même.

Petit à petit les deux jeunes femmes se virent d'une manière plus régulière; madame de Vranches, qui avait toutes ses compagnes de couvent disséminées en province, cherchait une amie, et une amie qu'elle dominât.

Madame d'Espandes, en femme habile, ne précipita pas une liaison qui ne demandait qu'à devenir plus étroite; cette amitié naquit vite et grandit doucement. Insensiblement madame de Vranches passa les après-midi chez sa jeune voisine, où M. de Vranches, à son tour, se montra fort assidu. Un petit plaisir, assez condamnable, corrigeait le trop de vertu de madame de Vranches; elle se plaisait à entendre son mari nommer leur commune amie : « *la petite provinciale.* »

Madame d'Espandes, qui pendant longtemps avait résisté à toute tentation, commençait à se départir un peu de ses habitudes sévères; sa tristesse tournait à la mélancolie, et madame de Vranches ne s'attribuait pas sans vanité la plus large part dans ce changement. Elle amena même la jeune veuve à ne pas s'effrayer de quelques soirées intimes, où elle était bien aise de produire sa nouvelle amie. Madame d'Espandes fut charmante de grâce triste et de finesse : un peu plus tard, elle consentit à paraître dans un bal où elle ne dansa pas et fut beaucoup remarquée.

L'intimité des deux femmes se resserrait chaque jour davantage, lorsque, quelque temps avant son départ pour la campagne, madame de Vranches, en arrivant au salon, crut entendre son mari parler à madame d'Espandes d'un ton passionné. Elle entra : Monsieur de Vranches avait repris sa voix naturelle, mais elle saisit un peu de trouble sur la physionomie de madame d'Espandes. Un soupçon violent la poursuivit; elle observa que, depuis plusieurs semaines, les visites de la jeune veuve devenaient moins expansives et moins fréquentes. Elle surprit monsieur de Vranches rêveur, et, jusqu'à cette affectation à parler de l'air provincial de madame d'Espandes, tout la mit à la fois sur la trace d'une découverte terrible. Madame de Vranches partit de suite pour sa terre, après une invitation à venir passer quelques jours avec elle, d'un sens très-clair, quoique d'une forme toute onctueuse.

Madame de Vranches n'était pas de huit jours au château de ***, que son mari disparaissait; une affreuse certitude la poussa à une prompte résolution. Elle prit en poste la route de Paris; quand elle arriva chez elle, brisée de fatigue et d'épouvante, le concierge lui annonça que madame d'Espandes avait quitté l'hôtel depuis plusieurs jours, en laissant une lettre pour elle. Madame de Vranches s'enferma chez elle et lut ce qui suit :

« Madame,

» Vous rappelez-vous un mot qui vous échappa un soir
» aux Italiens; vous parliez de certaines femmes et vous di-
» siez : *En vérité, ces créatures-là finiront par prendre partout*
» *notre place.* Voilà que votre prédiction s'est accomplie, Ma-
» dame, et que monsieur de Vranches m'appartient. N'en
» veuillez pas trop à madame d'Espandes, née de Champagnac.

» MÉPHISTOPHÉLINE. »

Madame de Vranches se redressa de toute sa fierté; son orgueil était atteint de toutes parts. Ainsi, elle avait reçu chez elle, — introduit chez les autres, — elle avait eu pour confidente — une bohémienne ! — Puis, quand cette pensée eut bien soutenu son exaltation, son courage tomba tout d'un coup; elle ne se souvint que de son amour, et, par héroïsme, elle se décida à une lâcheté.

Elle alla trouver la courtisane, et se jeta presque à ses genoux.

— Voyez, dit-elle, je demande grâce, rendez-moi mon bonheur.

Méphistophéline partait pour le bois. Sa voiture était attelée.

— J'aurai l'honneur de vous répondre, madame, dit-elle en la congédiant d'un geste hautain.

Le lendemain, madame de Vranches recevait cet insolent billet :

« Madame,

» Il est hors de mon pouvoir de vous rendre monsieur de
» Vranches tout entier. Quant à moi, je vous cède bien vo-
» lontiers ma part.

» MÉPHISTOPHÉLINE. »

Un mois après, Marguerite de Vranches avait un amant.
Un mois après, Méphistophéline était célèbre.

VII

Les jours de revue.

L'avez-vous vue passer quelquefois, à demi-renversée au fond d'une calèche, que traînaient, au pas, deux chevaux prêts à s'emporter; cocher poudré devant, laquais poudré derrière. — Elle, en grand négligé, écoutait à peine trois ou quatre jeunes gens de fine fleur qui échangeaient tout l'or de leur esprit contre la monnaie d'un sourire. — Car on regardait ses lèvres pour voir quel temps il ferait; on courait à ses petits levers, et l'on intriguait pour être de ses soirées, où se jouait un jeu d'enfer; mais si l'on se ruinait pour elle, l'argent qui entrait par la porte sortait par la fenêtre.

Avant tout, Méphistophéline n'était pas *bonne fille*. — Vous savez ce qu'on entend par là. Le mot a l'air bonhomme, il est odieux; *bonne fille*, c'est la qualité de celles qui ne se refusent aucun défaut, c'est la triviale excuse du vice trivial. La débauche a sali cet esprit, sali ce visage, corps et âme; la jeunesse est partie; — oui, mais elle est *bonne fille*. Sa voix est flétrie, mais elle chante toujours; elle est la même pour tous. Une première maîtresse vous trompe, elle rit; mais elle pleure si vous avez une écorchure; elle ne comprend que les douleurs physiques; mais comme elle y compatit!

Puis elle a fait un tapis des préjugés. — Elle ne se fâche jamais; — après les amants qui ont été, les amants qui sont! monsieur Pierre est mort, vive monsieur Paul! — Son cœur est ouvert à tout venant; on entre sans se faire annoncer; comme elle sait la vie! — Avec elle, tout ce qui n'est pas le mot définitif, — ce sont *des phrases!* — Vos volontés sont les siennes; on n'est tenu à rien devant elle, pas même au respect. — Cette femme, qui n'a plus rien de la femme que le sexe, c'est un camarade, et tout le monde dit: *C'est une bonne fille!*

Tout au contraire, Méphistophéline avait l'abord âpre; elle ne souriait pas pour montrer ses dents étincelantes, mais pour mordre. L'aimant de son regard eût attiré les cœurs de fer; mais ce regard épouvantait les cœurs tendres. Le mot: *Je n'égratigne pas, je tue,* semblait fait pour elle; elle était trop haïe pour n'être pas respectée.

Quinze mois se passèrent ainsi, et, sauf ce rêve impossible pour la plus vertueuse de toutes les courtisanes: être seulement la plus courtisane de toutes les femmes vertueuses, Méphistophéline n'avait plus rien à désirer.

VIII

De l'utilité des fenêtres qui donnent sur les jardins.

La chambre à coucher de Méphistophéline avait vue à la fois sur une cour, une rue et un jardin. Un peu à droite d'une de ses fenêtres à rideaux de soie rose sous dentelle, s'ouvrait, sur le même jardin, à l'angle d'un balcon, une modeste fenêtre à rideaux blancs, où fleurissait une giroflée. Parfois un jeune homme, suivi d'un grand chien, se promenait sur ce balcon ; plus souvent encore il y roulait un fauteuil, et, tout en caressant Fox, lisait ou fumait. Ni lui ni Méphistophéline ne songeaient guères l'un à l'autre. Toute sa vie paraissait être là, entre cette giroflée et ces trois amis : un cigare, un livre, un chien.

On avait soupé cette nuit-là chez Méphistophéline. Quand elle s'éveilla, entre deux mauvais rêves, un rayon de soleil venait de se glisser sournoisement dans sa chambre, — et qui était si frais et si alerte qu'il lui fit mal ; — elle songea, dans ce désenchantement qui suit le réveil, à ces nuits qui se ressemblaient toutes, à ces baisers successivement cueillis sur ses lèvres et dont pas un n'avait racine dans son cœur ; — à ce persifflage sans trêve qui la laissait dans une solitude profonde, — forme respectueuse du mépris qui entoure les femmes perdues, si haut perdues qu'elles soient ; — à ces rires mauvais, ces propos libertins, crème battue du vice, friande aujourd'hui, et demain tournée à l'aigre ! Une atmosphère lourde emplissait la chambre ; il lui sembla que c'était l'air de la débauche qu'elle respirait ; elle se leva en sursaut, s'enveloppa d'un peignoir et ouvrit la fenêtre du jardin.

Le ciel était pâle encore ; un vent léger courait partout, saluant les unes après les autres toutes les feuilles et toutes les fleurs. Une bonne odeur entra dans la chambre de Méphistophéline et chassa cet air chargé de parfums qui l'étouffait. Une idylle se bâtit dans ce cœur aride, et, comme une senteur de giroflée lui arrivait avec la brise, elle aperçut son voisin et le reconnut ; une Providence semblait les réunir.

Il avait ce premier mérite de ne pas ressembler à ce type de jeunes élégants qui prennent si scrupuleusement des pieds à la tête la livrée de la mode, qu'ils font tous l'effet du même domestique. Tout le monde aujourd'hui a *l'air distingué*. — C'était avant tout une figure française dont aucune exigence ne contrariait l'expression. Méphistophéline en avait peut-être rencontré mille qui valaient mieux ; mais celle-là s'accompagnait si bien de ce feuillage, de ce matin innocent, de cette humble giroflée — et surtout de ce besoin impérieux et nouveau de reposer par quelque pensée douce un sang incessamment fouetté, — qu'elle se prit à considérer le portrait à cause du cadre.

Reginald, tout au contraire, menait une vie assez contemplative ; il touchait aux choses positives comme un homme d'affaire aux choses idéales. Il n'était guère riche, et se disait précisément qu'on avait calomnié le monde des sens, et que rien n'était niais comme d'être l'amant platonique de la nature. La brise, en ce moment, cette brise qui lui avait mille fois soufflé l'inspiration, lui faisait la mine du Zéphir mythologique. Un effet bizarre se produisit chez l'un et chez l'autre. Méphistophéline voyait un homme qui aimait ; lui voyait une femme qui n'avait jamais aimé ; et tandis qu'elle, la courtisane, le regardait avec un regard plein de foi, lui, le spiritualiste lui lançait une œillade.

Mais tous deux comprirent de suite qu'ils s'étaient trompés et sourirent. — Cette fois Méphistophéline ne referma pas sa fenêtre.

Je ne sais comment cette idée lui vint tout d'un coup ; — comme un dernier désir sans doute. — Elle avait tout, opulence, flatteries, servilité, délices ; — tout, hors l'amour. On lui écrivait des lettres qui étaient des chefs-d'œuvre de grâce. — Elle avait, comme une reine, sa cour, et de plus ingénieux courtisans ; mais nul n'aurait eu l'effronterie de lui dire : Je vous aime.

Ah ! bien oui ! aimer Méphistophéline, qui l'eût osé ? L'amour avec ces yeux-là ! les confiantes paroles sur ces lèvres de fiel, un battement de cœur sous ce sein de pierre !

Mais les plus éclectiques d'entre les blasés craignaient encore que l'idée la plus contrariée ne lui parût une banalité. Quelques-uns avaient essayé sans succès de se composer une simplicité qui eût trompé toute autre ; mais nul ne s'était senti l'audace de traverser, pour aller jusqu'à cette âme, la sécheresse superbe et la formidable armure du dédain.

De sorte que Méphistophéline se dit : — Si j'aimais ?

IX

Une grande soirée.

Puis une réflexion l'arrêta : — ce Réginald n'avait-il pas compté une fois de plus sur le voisinage? Allait-ce être une de ces misérables aventures qui se nouent grâce à l'intervention forcée du vis-à-vis ? — Cette pensée amena chez Méphistophéline une aversion violente pour toute cette bergerie! — Elle eut un instant remords d'une bonne pensée.

Le lendemain, un peu plus tard, elle souleva ironiquement le coin du rideau : — rideau de comédie, pensait-elle. — A coup sûr, son voisin était là, curieux, épiant l'heure où elle reparaîtrait; puis, tout préparé, dès qu'il la verrait, à jouer l'indifférence.

Le balcon était désert, les volets fermés, la giroflée enlevée. Réginald, comme elle le sut un quart d'heure après, avait donné congé la veille, et quitté déjà son logement. Méphistophéline fut piquée de s'être si fort inutilement mise en frais de conjectures.

Le jour même, dans un quartier qui était l'antipode de celui-là, Réginald tourna à l'improviste le coin d'une rue qu'elle allait prendre. Il rougit sans oser saluer, elle pâlit et sentit quelque chose qui ressemblait à un serrement de cœur.

Le mois suivant, Réginald fut d'une soirée où se trouvait Méphistophéline. Il eut le bon goût de s'effacer au point de pouvoir être pris par chacun pour un des siens. Méphistophéline lui en sut gré ; les femmes sont quelquefois assez généreuses pour pardonner aux natures de poëtes doublées d'une nature d'hommes du monde. Tous deux causèrent quelque temps avec un peu d'hésitation. Réginald s'excusa d'avoir si souvent inquiété sa toilette ou détourné sa rêverie. Comme il ne voulait point qu'elle pensât s'être logée à côté d'un fâcheux, il avait fait le sacrifice d'une vue charmante.

Méphistophéline sourit, et le pria impérieusement de reprendre possession de son petit balcon.

De là, de temps à autre, ils échangeaient quelque signe de tête amical. Réginald y mit toute la discrétion possible.

Un soir, il reçut une invitation ainsi conçue :

» Mademoiselle Méphistophéline prie M. Réginald de lui
» faire l'honneur de venir passer la soirée chez elle, le mer-
» credi 9 septembre 184..,

» On causera. »

Le lendemain, Réginald s'habilla lentement, pour avoir le temps de trouver du courage.

Elle venait de faire tendre en satin lilas un petit boudoir, trop grand encore pour continuer ses illusions. Rien n'y trahissait la courtisane opulente, et le besoin d'échapper à l'isolement par l'entourage des superfluités ruineuses. Beaucoup de fleurs très-simples dans des vases très-rares ; sur une table d'ébène quelques livres qu'elle était sur le point d'aimer; à la place des Fragonard obligés, la vue du jardin.

Pas une calomnie, pas un bon mot, pas un éclat de fausse gaieté n'avait profané ce frais plafond. Elle seule était entrée là, avec ce quelque chose, nouveau en elle, et qui avait besoin d'un nid bien retiré pour ne pas s'envoler au bruit des pensées ricaneuses : un cœur.

Quand il arriva, elle était seule, un pied sur une causeuse, l'autre presque rentré sous sa robe de batiste blanche. Une lampe suspendue l'enveloppait d'une lumière tendre ; la fenêtre était ouverte, et des bouffées de brise venaient éventer son front qui brûlait.

Réginald, en entrant, comprit tout et lui baisa gravement la main.

Il était venu avec une certaine toilette d'esprit. Il fut avant tout lui-même, assez large d'idées, assez haut de caractère, pour faire accepter, sans la corriger, sa franche nature.

Ce qu'il disait eût paru ordinaire dans une autre bouche; mais il donnait de la saveur aux choses vraies. Il sentit qu'elle avait besoin d'un ami et mit dans son épanchement un désintéressement qui la pénétra. — C'était le Réginald qu'elle souhaitait.

Parfois, ce langage sincère la faisait sourire un peu.

— Raillez, disait-il, je ne vous crains pas; je ne vous aimerai jamais.

Et une syllabe, tremblante dans sa voix, démentait toutes ses paroles ; c'était justement pour cela qu'elle l'écoutait mieux.

Il lui lut quelques pages qu'elle trouva charmantes ; la semaine précédente, elle eût renvoyé le livre à sa femme de chambre. Quand les esprits très-blasés retournent aux choses simples, ils y reviennent comme un voyageur amoureux d'une patrie qu'il a détestée.

Il lui plut surtout par un respect réel, la seule flatterie qu'elle ne connût pas. Quand il se leva pour partir, elle se sentait un peu meilleure.

— Vous reviendrez quelquefois, lui dit-elle.

— A vos bonnes heures, répondit-il avec un sourire triste.

Et rien n'indiquait qu'il venait de passer avec une des femmes les plus recherchées un de ces moments choisis, après lesquels on jette sur la foule le regard de l'élu sur tous les appelés.

Méphistophéline ferma son boudoir à double tour.

X

A travers les arbres.

Un matin de bon soleil, Méphistophéline s'éveilla le cœur alerte ; elle se fit belle, avec un chapeau de paille et une de ces robes de rien, qu'ennoblit un caprice d'illustre élégante. Réginald l'attendait pour l'emmener à la campagne.

Elle avait renvoyé tout son monde ; il était convenu qu'on s'en irait à l'aventure, sous l'incognito du dimanche, et sans plus de train qu'une paire de bourgeois de la rue Saint-Denis. Ils entrèrent donc intrépidement dans une de ces voitures paisibles, qui sont la sinécure des pauvres chevaux sur leurs vieux jours. Ils se trouvèrent au milieu de petites gens, tout reluisants de santé, de joies de famille et d'habits neufs.
— Parisiens fiers d'être Parisiens, dont le cerveau, comprimé toute la semaine, éclate en saillies ce jour-là, et qui fuient

Paris pour l'apporter là où ils sont. Mais elle était à ses heures d'indulgence, s'amusant presque des ennuis du voyage, tandis que le coche cahotait tout cet épanouissement

Ils mirent pied à terre au sortir d'un petit village, et dès qu'on ne vit plus rien qui rappelât Paris. Elle voulait un jour au moins, pour tant d'années, oublier franchement; — et, pour elle, pays perdu, c'était paradis trouvé.

L'automne parfumait les jardins, une route semée de gros bouquets d'arbres se perdait dans les sinuosités vertes d'une colline. Méphistophéline était d'un entrain charmant. Après la satyre, l'idylle. Légère de toute la misanthropie qu'elle avait laissée chez elle, il semblait qu'elle songeait pour la première fois à ces simples choses : les arbres, les champs, le ciel. Réginald, plus sérieux, cherchait à voir clair au fond de lui-même. — Où sa passion le menait-elle, les yeux bandés ? — Le cours de sa vie allait-il se détourner ? — Ne traitait-il pas en poëme une aventure grossière. — Souvent, il regardait Méphistophéline à la dérobée, et cette beauté noble le rassurait. Le hasard les amena près d'une ferme, où ils dînèrent, en pleine cuisine, et de joyeux appétit. Éternelle histoire de cette éternelle sensation : le pain bis qui devient une fois par hasard la plus délicate des friandises.

Puis, comme les hauteurs rosées de la vallée commençaient à rentrer dans l'ombre, ils s'arrêtèrent, avant de partir, sur un des points les plus élevés. Il y eut un moment où le soleil n'éclaira plus que la tête pâle de Méphistophéline, appuyée sur l'épaule de Réginald. Elle avait foi en lui. Son sourire était devenu meilleur; elle lui parlait comme à un ami, d'une voix calme. Réginald regardait avec tristesse cette convalescence du cœur, car, à présent, le malade c'était lui.

Pas une parole d'amour n'avait été échangée entre eux; il

avait ses lèvres presque sur le front de la belle fille, — mais un baiser eût tout détruit. — Et le soir, quand ils furent de retour, il serra avec un peu d'affectation la main que lui tendait Méphistophéline en signe d'adieu.

XI

Réginald.

Cependant un bruit vague courait. — On se disait à voix basse, — les petites renommées qui désespéraient de grandir — que Méphistophéline baissait. Elle se faisait rare ; on la surprenait tantôt d'une verve éblouissante, tantôt d'un sombre inaltérable ; les railleries la fatiguaient. Était-ce la préface d'un roman ? était-ce un symptôme de conversion ? On ne songeait guère à soupçonner Réginald, qui, devant témoins, était d'une impertinence parfaite en matière de sentiment. Puis, de temps en temps, une hardiesse de toilette, un mot heureux coupaient court à tous les espoirs et à toutes les médisances.

Un après-midi, Réginald entra chez elle. Il était vêtu de noir et si défait qu'elle eut peur. Il s'approcha en chancelant.

— Je vous aime, dit-il en mettant toute son âme dans sa voix qui se brisait.

— Je le savais, répondit Méphistophéline.

— M'aimerez vous jamais ? reprit-il ; — question de vie ou de mort.

Elle resta quelques minutes sans répondre.

— Partez, dit-elle enfin ; allez passer huit jours où vous voudrez. A votre retour, vous trouverez chez vous ma réponse.

Réginald obéit comme un enfant.

Quand il fut sorti, une larme tomba des yeux de Méphistophéline, — la seule qu'elle eût jamais versée.

XII

Parfum d'ambre.

Quand il revint, un petit billet l'attendait, — billet d'allure pleine de grâce, et qui *embaumait*, comme on ne manqua pas d'observer en le lui remettant.

Réginald brisa le cachet avec anxiété.

Le billet contenait ces cinq mots d'une fine écriture :

» Je ne puis plus aimer. »

LA PLUIE

LA PLUIE

I

Avril.

Huit heures se détachent lentement de quelque vieux clocher, nid de pierres enfoui dans le haut feuillage des arbres.

Le timbre de l'heure vibre, soupire et meurt comme une plainte que nul n'écoute.

La nuit est rêveuse, — les étoiles, pêle-mêle accourues, les unes en grande toilette, les autres en déshabillé, encombrent le ciel.

Une brume transparente retombe en pluie fine sur la terre toute chaude du regard fixe du soleil.

Chaque ligne de pluie semble un rayon qui descend d'un point lumineux. — On dirait du ciel une immense pomme d'arrosoir trouée d'étoiles, — et qui verse à boire aux fleurs et aux feuilles.

La marquise de Fleuresle, à demi-couchée près d'une fenêtre qui s'ouvre sur la campagne, — un livre sur les genoux, et le cœur suspendu entre terre et ciel, regarde la pluie tomber.

Elle éclate d'abord en larges plaques sur le sol durci, puis s'infiltre peu à peu et disparaît.

Abrité sous l'auvent des feuilles, l'oiseau jette une note, et traverse plus vite la rue qui le sépare de son nid.

Dans le silence de tout le reste — la pluie tombe avec un bruit si doux, et si triste que la marquise de Fleuresle sent en elle quelque chose de doux et de triste qui la pénètre.

C'est la pluie fine de l'amour que Dieu envoie sur ce cœur longtemps aride.

Elle éclate d'abord en larges plaques sur le sol durci, puis s'infiltre peu à peu et disparaît.

En même temps, la pluie inclinant goutte à goutte chaque feuille et chaque fleur, en fait sortir une senteur humide qui monte dans l'air.

La pluie fine de l'amour fait sortir de son cœur une senteur nouvelle.

Heureux qui ce soir-là baisera sur sa bouche le parfum de son haleine !

On voit apparaître à travers l'ombre, qui les efface peu à peu, son blanc profil et sa main blanche. — Une larme du ciel, une larme de ses yeux tombent sur cette main brûlante et se sèchent aussitôt.

Ces deux larmes sont embaumées de son cœur et de l'air tout entiers.

Et la pluie tombe toujours avec un bruit si triste et si doux que la marquise de Fleuresle sent en elle quelque chose de triste et de doux qui la pénètre.

∴ Cependant le marquis Hector de Fleuresle se frotte les mains en répétant :

» Voilà une pluie qui va faire joliment du bien à la terre ! »

II

Août.

Une plainte infinie s'élève de toutes choses.

Le vent aboie aux portes bien closes qui lui refusent l'hospitalité, et s'engouffre dans les cheminées avec des grognements sourds.

Des tourbillons de nuages courent dans le ciel, immenses, rapides et sombres, — tout s'ébranle, et les mille bruits de la terre se confondent dans la grande voix de la tourmente.

Çà et là on entend quelque cri aigu et sinistre d'oiseau effrayé.

Puis une pluie énorme envahit l'horizon comme un océan qui fondrait sur la terre à travers un tamis troué.

L'eau pétille et rebondit sur le pavé clair en mille paillettes, — ainsi qu'un morceau de cristal jeté sur une pierre.

Dans la vapeur de l'eau tout s'enfuit, tout se voile, les arbres et les maisons. — On se croirait au milieu de la mer. — On distingue seulement quelque chose qui siffle et qui fume, — c'est la pluie.

Puis, comme si à quelque coin inattendu du ciel les nues avaient oublié de se donner la main, le soleil reparait dans une oasis d'azur, éclair d'un sourire qui illumine tous les pleurs.

Mais bientôt on voit l'ombre accourir à pas de géant et reconquérir la place dorée par le soleil. — Et le flot tumultueux des nuages se reflète sur la terre redevenue pâle.

Et le grand vent — proscrit de toutes parts, et devant qui tremblent les vieilles maisons et s'inclinent les vieux chênes — reprend sa voix formidable, et d'un souffle puissant refoule dans le sol l'eau des chemins.

La marquise de Fleuresle, — près du feu, qui tressaille, — penche la tête au bruit de l'ouragan.

Car la tempête aussi est dans son cœur.

Elle est là, abimée dans la rêverie, avec son visage fatigué, et son corsage sévère tout gonflé de beauté et de douleur.

Cette pluie immense — ce sont les amertumes qui fondent sur elle. — Un rayon de soleil les éclaire. — Puis bientôt l'ombre accourt à pas de géant, et le flot tumultueux des tristesses se reflète sur son front redevenu pâle.

Mais un grand vent sèche toutes ses larmes. — C'est son amour.

Il est doux, pour cette âme déchaînée, de sentir autour d'elle la nature déchaînée.

Elle est si belle, d'ailleurs, sous sa chevelure débouclée, quand ses yeux noirs sont à l'orage !

Cependant — le marquis Hector de Fleuresle se promène à grands pas en fredonnant :

« Diable ! diable ! — le baromètre est au laid fixe et ma luzerne n'est pas rentrée ! »

III

Novembre.

Un dôme immobile, gris et morne, pèse sur l'horizon.
Les petits rentiers, qui ont de l'ordre, disent à leurs fils
« Le bon Dieu est parti pour un long voyage, et il a une housse sur son beau ciel bleu.
Le bois est taciturne ; le son de la voix perce et résom jusqu'au bout ; l'écho est défunt !
Les feuilles qui restent aux arbres ont les pâleurs luisant d'une face d'agonisant; les autres, détrempées par la plui font le sol du chemin.
Une odeur de bois mouillé et mort s'épand dans l'air.
Une pluie invisible tombe sans relâche sur la terre et frap lugubrement comme un marteau sans fin le fer-blanc sono

Les allées ne boivent plus l'eau, et les fleurs sont noyées avec leurs parfums.

Quelquefois, au lointain, le soleil apparaît comme un disque sans chaleur et sans éclat; — on dirait une tonsure découpée sur la tête grisâtre du ciel.

La marquise de Fleuresle laisse aller ses doigts amaigris entre les pages d'un livre d'heures, avec un regard sans lumière, et d'une voix qui n'a plus d'accent, prie Dieu pour son âme.

L'oubli, pluie continue, a noyé cette âme avec son parfum.

Il fait une humidité qui glace. — Le feu ne réchauffe pas et rien ne peut réchauffer ce cœur où l'on ne met plus d'amour.

La pauvre femme va mourir.

∴ Cependant le marquis Hector de Fleuresle, éternue pour la troisième fois, en disant :

» Allons bien ! — me voilà à mon quatorzième rhume de cerveau, pour une année non bissextile ! »

Et il se sourit complaisamment de sa manière agréable de dire les choses...

9

LES PETITES INÉGALITÉS

LES PETITES INÉGALITÉS

I

Pourquoi tant de gens vieillissent-ils dans leur modeste pays avant d'avoir pensé à en sortir? — Il n'est pas question ici des malheureux condamnés à mourir où ils sont nés, qu'on laisse enfants jouant à l'aumône, et que, cinquante ans plus tard, à la même place, on retrouverait paisibles, recourbés sur leur bâton et tendant toujours la main. Il ne faut pas compter non plus cette multitude qui ne peut aller que jusqu'où ses intérêts le lui permettent, — comme un dogue libre de la longueur de sa chaîne. Mais comment expliquer qu'un horizon plat, une végétation mièvre, quelques ingrates rangées de maisons, un de ces coins de terre qui n'arrêtent personne et où les voyageurs, pendant le relai, lisent sévèrement leur journal; — comment expliquer que cet endroit méprisé retienne pour toujours des gens d'une aisance cosmopolite et qui sembleraient si heureux ailleurs? — C'est que là leur cœur grossier fut touché de la grâce terrestre; c'est là qu'ils ont été amoureux ou aimés. — Ne leur parlez ni de Venise, ni de Smyrne, ni du lac Ontario, ni du reste de l'univers. — Voyez-vous l'ombre frisée de ces pommiers rabougris, cette rue dont le pavé rabote, et qui, mal ouverte, fait l'effet d'un cul-de-sac troué, cette bâtisse sans style, ce ciel atone? — Leur jeunesse s'est dispersée là, et c'est là qu'ils pourraient en retrouver quelques vestiges. Ils nourrissent pour ce petit lieu la tendresse hargneuse de l'acteur pour son théâtre. — Ils y ont eu de ces journées dont on garde sans en oser rien dire, la date au fond de l'âme; hélas! leurs tragédies même n'auraient pas de confidents. — Çà et là, il semble qu'il reste un souffle d'eux, comme se conserve une odeur dans ces chambres que les fenêtres aèrent mal. — En retroussant la housse du fauteuil, on aperçoit le glacis du lampas frais et neuf encore, ainsi qu'au temps où l'on s'y asseyait deux; comme en ces vieux logis où l'on découvre, après cent ans, une charpente humaine toute sèche dans l'épaisseur d'un mur, derrière un tiroir de commode se dresse tout à coup un squelette de fleurs; la pendule, avec son même sujet semble marquer les mêmes heures. — Leurs habitudes, leurs pensées quotidiennes, leur existence secrète ont pris racine là; ils sont devenus pareils à ces arbres qu'on ne peut transplanter sans les faire mourir.—Si l'on veut pourtant qu'ils quittent le pays, qu'on démolisse la maison, ou qu'on bouleverse ces chemins où, l'été, ils vont le soir, tout seuls, se repaître de souvenirs. — La magnificence d'un autre ciel écraserait leur humble personnalité. — Ils s'y annihileraient comme les personnages dans les paysages du Poussin. — Ici la perspective n'est rien, mais ils sont tout.

Voilà pourquoi un assez médiocre arrondissement de l'Ile-de-France représentait pour Raymond L., la plus merveilleuse contrée du monde connu. — Mademoiselle Paule de L'Étang y vivait.

II

Avec ses dix-neuf ans indiqués, non par son visage, mais par la phase d'expression de sa physionomie, mademoiselle de L'Étang avait cette rareté qu'elle ne ressemblait à personne de sa famille. Cette carnation lactée qui laisse deviner un corps blanc et uni, son corsage délicat, sa main où il y aurait eu juste la place d'un baiser, un fini de lignes obtenu à la longue, — ce fonds commun continuait une tradition peut-être, mais sa figure était toute d'élection. On ne pouvait la décomposer en venant, l'un après l'autre, y revendiquer un trait, et les experts n'auraient pas eu la joie de dire entre eux : — « C'est le nez de l'oncle ! — Oui, mais ce sont les yeux du père! » révélation désagréable après laquelle il semble qu'on embrasse amoureusement un monsieur dans la personne de sa nièce ou de sa fille ; alliage masculin qui diminue de valeur la composition féminine.

La tête de mademoiselle de L'Étang avait l'originalité fine de son caractère : des cheveux d'un noir éteint, commençant en bandeaux, finissant en boucles, encadraient à demi un ovale pâle, doux et pur. — Les yeux, en s'animant, paraissaient élargir leurs prunelles noires ; le nez était français et un peu relevé, comme par l'effet d'un sourire gardé pendant plusieurs générations, ainsi qu'il le semble aux pastels de femmes du XVIIIe siècle. Les lèvres, d'un rose effacé, avaient de ces plissements qui annoncent la décision ; l'accent de ce visage, qui aurait pu se prêter aux mélancolies banales, était, au contraire, une sorte de recueillement mutin avec une fleur d'ironie, — fleur simple, à l'arome encore sauvage, aux épines à peine sorties. — Ajoutez à tout cela une grâce de tous les gestes, une séduction de toutes les poses, une confidence tacite de l'âme et des goûts faite au choix de la mise.

On n'a jamais calculé la longévité des passions d'après la virtualité des physionomies. — On trouverait là une des excuses fatales de l'amour facile. Il y a, en effet, des figures de femmes qui ne peuvent et ne doivent provoquer qu'une impression de passage ; leur charme est un caprice ; ce qu'elles inspirent est un caprice ; elles ont l'uniformité, mais non la durée ; on pressent, à les voir, combien de temps on sera capable de les aimer ; en dépassant la limite, on arriverait à l'aversion ; la disposition de leurs traits ne va ni aux luttes, ni aux sensations sérieuses. Otez le sourire et supposez des larmes à ce qu'on appelle *une mine chiffonnée*, que restera-t-il? — une grimace. — Plus il y aura dans ces figures de joliesse spéciale, de détail amusant, d'expression impossible à mobiliser, plus elles précipiteront la répugnance après l'engouement. — Mettez donc un visage de fantaisie sur les épaules d'une mère de famille! D'ailleurs, ces physionomies qui ont surpris votre premier mouvement par la curiosité du plaisir, ne sont pas en relation avec un ordre d'idées intimes de toute espèce, résultant de l'éducation, de l'humeur, des instincts, et qui vous obligent à chercher un type de femme où elles se généralisent. — Ces figures factices sont aux figures vraies ce que la friandise est au mets simple. — On ne songe pas sans mépris à ce que deviendront ces physionomies brillantes, quand les années les auront caricaturées : — faces enfantines et séniles, câlines et grotesques, flétries et badines, — pour qui le respect n'est pas fait, et que portent les femmes, comme une pauvre vieille réduite, pour se couvrir, à porter la mode à présent ridicule de son jeune temps. — Qu'on n'accuse pas cette donnée de matérialisme; la forme humaine emporte le fonds divin; où trouverait-on un idéaliste prêt à épouser une femme borgne? Dites à un aveugle que la femme dont il est amoureux est laide; s'il vous croit, il ne l'aimera plus. Il est d'autres figures, au contraire, qui ont en elles le sentiment de l'infini; elles reposent et retiennent le regard; elles font naître des affections d'une sécurité profonde. — Il n'y a dans leur ensemble ni accident, ni badinage, ni occasion; elles ne sont pas immuablement l'attitude momentanée d'une femme qui pose; elles sont la femme elle-même avec ses variétés de souplesse. — On peut, aux jours néfastes, les étudier avec espérance, et quand l'amour a cessé, rester près d'elles sans dégoût. — Elles résument et incarnent vos tendances inexpliquées, vos ambitions de beauté, l'aspiration qui gouverne votre vie. Ce sont ces figures qui, vieillies, commandent encore l'admiration; le dessin noble a traversé les années sans se trivialiser, et quand le monument de la jeunesse s'écroule lentement sur lui-même, les ruines n'ont rien qui repousse; les yeux gardent un éclat fier et amorti;

la peau a pris le hâle du marbre blanc exposé à l'air ; une invisible lumière laisse encore tout voir dans l'ombre : il semble qu'on aura la douceur de mourir en les aimant. — On peut se dire en les revoyant : — *Voilà la femme que j'ai aimée*, sans ces frissons de répulsion qui rendent les paroles si aigres entre deux amants devenus vieillards. Elles inspirent moins d'entraînements violents que de passions patientes, parce qu'elles ont l'éternité humaine.

Cet idéal est rare à rencontrer ; il se déplace avec le rang, l'éducation, le point de vue.

Tout homme qui a aimé l'a poursuivi. — Raymond avait couru après plus d'une de ces figures qui passent dans le souvenir. Mademoiselle de L'Étang était une de ces figures qui restent.

Sans comédie d'immatérialité, mademoiselle de L'Étang paraissait ne vivre que d'air, de fleurs et d'élégances ; elle était encore à ce temps de légèreté céleste où l'on ne sent ni l'âme ni le corps, quoique mille petits liens mondains rattachent déjà la femme à la terre ; mais nul commencement de froissement intérieur, nulle anxiété soudaine ne troublaient ce détachement enfantin. — Il y a des femmes dont, malgré elles-mêmes, la physionomie parle d'abord aux sens ; mademoiselle de L'Étang était de celles qui produisent même sur les gens communs un effet chaste : elles ont l'honneur de n'être désirées que lorsqu'elles sont aimées. — Ces figures-là ne rebutent jamais. — Les plus délicieuses natures ignorent souvent combien, par cette expression toujours matérielle de la physionomie, elles découragent les hommes les plus sensuels. —Mademoiselle de L'Étang était un cœur frais, limpide, qu'aucune sécheresse n'avait tari, et où ceux qu'elle aimait pouvaient régulièrement puiser de l'affection ; elle avait l'esprit généreux et, avec une organisation toute féminine, une charmante bravoure. Le beau mérite de n'avoir pas peur, pour une femme qui a presque des favoris, des mains vastes et des soubassements d'Hercule. — Une fois qu'elle revenait, au jour tombant, d'un village à quelque distance du château, on s'était permis de l'accoster familièrement : une de ces brutes pour qui, comme pour Chérubin, Marceline aussi eût été une femme; — d'un soufflet blanc comme un éclair elle avait laissé le rustre balbutiant, ébloui et cloué sur place. On la rencontrait souvent dans le voisinage, à cheval, n'ayant peur ni d'un effondrement, ni de l'orage, ni de la colère de sa monture, le visage pâli par la fatigue, les yeux plus noirs, avec un friand désordre dans les cheveux. — Elle aimait le danger sans offenser celles qui ne l'aimaient pas. — Et le soir, dans un demi-jour calme, on retrouvait autour de la table de travail la petite fille qui courait les grands chemins ; elle allait, venait, faisant si peu de bruit pour sortir, qu'on eût dit qu'elle ne voulait pas apprendre à ce vieux salon qu'elle le quittait.—Il fallait, en effet, la croire là ; sans elle, ce meuble-empire devenait d'un ennui cru ; la conversation se soumettait aux lois de la pesanteur, et il semblait que l'Apollon doré qui jouait de la flûte sous le globe de la pendule enchantât l'heure pour qu'elle ne sonnât plus.

III

La Louvière est une de ces bonnes maisons de campagne d'une construction tant bien que mal symétrique, fortifiée de clos aux doubles haies, de prés entourés d'eau, et que les communes environnantes continueraient à nommer *le Château*, quand bien même on bâtirait un Versailles tout à côté. — De hauts arbres, qui sont à eux-mêmes leurs propres aïeux, interceptent la vue de l'habitation. — La vie y est si débonnaire, le bien-être si habituel, le calme si assuré, qu'il semble que le malheur n'aura jamais rien à faire là ; puis un jour la grille est muette, l'herbe verdit le pavé, les volets se ferment, l'eau croupit, le jardin est à l'abandon. — Quelque coq oublié crie et s'enroue : les hôtes sont morts !

Mademoiselle de L'Étang était l'âme visible de ce vieux logis, où elle se trouvait encore heureuse comme l'oiseau né dans une cage. — Sa douce voix emplissait le corridor ; on s'accoutumait à la voir au bout du jardin ; ce bondissement léger dans l'escalier, c'était elle qui montait. Son petit baiser du soir réconciliait ces pauvres gens avec leur vieillesse. — Raymond et elle s'étaient vus avant de pouvoir se connaître; — ils avaient longtemps joué ensemble, se préférant peut-être à leurs joujoux. — Avant la fin du déjeuner, ils s'esquivaient et ne reparaissaient qu'au dîner, boudant contre tout le monde dès qu'ils ne s'appartenaient plus. — Elle avait un frère, et Raymond éprouvait un plaisir secret à voir que ce frère n'était jamais de leurs jeux. — Il se glissait déjà en Raymond quelque chose du pressentiment de l'élu.

Il se reportait avec une haine amoureuse à ce temps-là ; ce n'était rien alors que de s'embrasser dès qu'ils se revoyaient; que de ne pas se dire le mot : *vous*; — ce *vous* qui écarte même dans une étreinte. — Plus tard, elle avait passé quelques années au couvent; aux jours de sortie, ils se retrouvaient. — Elle venait d'un geste tendre nouer sa tête au cou de Raymond et lui demander ce qui le rendait triste. — Il traversait cette époque de gaucherie sombre où l'on hait les enfants, et où l'on croit haïr les hommes. — Souvent parmi les amies de couvent de mademoiselle de L'Étang, quelques-unes de ces filles de quatorze ans à qui l'esprit semble être venu, lui disaient perfidement tout haut : — *Paule parle toujours de vous ; elle vous aime.* — Il sentait déjà au cœur une sorte de trouble qui lui faisait prendre un ton d'autant plus dur que la voix de mademoiselle de L'Etang était plus caressante. — Il la repoussait presque brusquement; — puis en secret il écrivait ce nom : *Paule de L'Étang,* le baisait, et le déchirait. — Depuis quelque temps, ils n'osaient plus s'embrasser qu'en rougissant. Un an s'était écoulé depuis le dernier baiser, — baiser d'enfant ; — la transition insensible aurait un peu sauvé leur intimité. — Quand ils se revirent, mademoiselle de L'Étang resta près des femmes avec qui elle était ; — à peine eurent-ils l'air de se reconnaître. Ils se saluèrent imperceptiblement, à distance. — Il l'appela : *Mademoiselle* : — les petits baisers d'autrefois auraient compté alors.

Rien n'est quelquefois plus cruel pour les affections que cette transformation réciproque : — l'enfant qui devient jeune fille, l'enfant qui devient jeune homme. — Il semble qu'on n'ait pas commencé la vie ensemble, qu'il ne reste des premières amitiés qu'un débris de joujou au fond d'une armoire. — Il y a même de ces petites filles qui, une fois femmes, vous gardent une rancune mal définie de leur passé. Vous êtes l'homme par qui elles ont été surprises en affaire avec leur poupée ; il se ranime à votre vue un petit souvenir honteux et ridicule. — Parfois votre sourire a l'air d'une allusion involontaire. — Les femmes tiennent à n'être connues par les hommes de leur âge qu'au jour où elles sont femmes, — où elles ont conquis cette supériorité de grâce, cet achèvement de beauté, ce prestige d'influence qui forcent à l'adoration pure et simple. — Le passé n'a été que la préparation fort ordinaire du présent. — Vous êtes le témoin du passé : vous avez vu l'idole au temps où elle se nommait chêne ou sapin. — Si ce n'était par pudeur, ce serait par raison, qu'une femme ne permettrait point, par exemple, d'assister à sa toilette. — Il n'y a pas de jolie femme pour sa cameriste ; et il faut que vous soyez un amant gâté pour qu'une femme consente seulement à mettre un fichu devant vous. Elles dateraient leurs vingt ans volontiers : l'an Ier de leur présence réelle.

Mademoiselle de L'Étang n'avait pas pris cette attitude auprès de Raymond ; elle obéissait sans doute à une réserve naturelle dont elle comprenait la convenance, mais sa fidèle amitié survivait à la saison de la camaraderie. C'était là justement ce qui faisait le bonheur et le mal de Raymond. Si mademoiselle de L'Etang avait été une âme ordinaire, ces petits commencements d'une amitié qui était déjà de l'égoïsme à deux, eussent laissé une trace facile à perdre. — On n'est pas fatalement enchaîné aux petites filles dont on a adopté la poupée. — A la longue, Raymond aurait tout oublié de ce temps où les mères qui sourient disent, en vous montrant à leurs filles : *Voilà ton petit mari.* — Mais, au contraire, mademoiselle de L'Etang avait toujours pour lui de si bonnes paroles, tant de ces regards plus doux à mesure qu'ils sont mûris par les années, que, pour Raymond, ces enfantillages avaient gardé une valeur. Comme par un travail intérieur, les propos et les cris sans suite du premier âge, les regards indifférents ou irréfléchis, les mobilités du visage, arrivent à former l'accent de la voix, la clarté des yeux, l'expression de la physionomie ; — tous ces contacts innocents, ces échanges du regard et de la parole, s'étaient résolus en amour. — Ce qui retenait surtout Raymond près de mademoiselle de L'Etang, c'était l'exquise douceur répandue autour d'elle par une mutuelle et constante sympathie ; la théorie a beau démontrer le contraire, il n'y a d'accord durable que pour les individualités consonnantes ; par exemple, la placidité est peut-être l'angle rentrant fait pour recevoir l'angle sortant de la colère ; mais, dans ce tout parfait, les parties deviennent irréconciliables ; ce que la pratique demande, ce n'est pas une identité d'organisation. — Deux êtres deviendraient alors une sorte de monstre à quatre mains et à deux têtes, une paire de jumeaux de différent sexe burlesquement reliés ensemble ; mais il faut cette harmonie où tout se corrige, s'aplanit et se fond. — Votre volonté est la note, une autre volonté forme les demi-tons.

Non pas encore sur toutes choses, mais sur celles dont ils pouvaient parler pour leur propre compte : — causerie à la dé-

obée, faite de moitié de phrases, de signes devinés, de mots
jetés au passage, dans un salut, à travers le tumulte d'une
conversation, Raymond et mademoiselle de L'Etang se rencontraient avec le même sentiment. — Ce qu'elle aimait, il l'adorait, ce qu'il haïssait, elle le détestait; — ce n'était de leur
part ni réciprocité polie, ni manque de personnalité. — Ils suivaient, comme deux rives variées d'aspect et distinctes, un
même courant d'idées. — Quand elle allait secouer la tête pour
cesser d'être de l'avis de Raymond, il en éprouvait une espèce
de remords. — Ces dissemblances ne portaient jamais sur ces
questions après lesquelles deux esprits cessent de s'attirer
dès qu'ils ont une fois différé. — Aucun frottement étroit n'avait encore déformé l'âme bien faite de mademoiselle de L'Etang.
— La liberté de ses habitudes, son ignorance de toute crainte,
chassaient loin d'elle toute servilité d'opinions.

Il ne s'agissait souvent entre eux que d'insignifiances auxquelles aucun des deux ne paraissait faire attention. Il y a des
instants où l'on n'adresse la parole à une personne que pour entendre le son de la voix qui va vous répondre. — D'ailleurs,
entre ceux qui s'aiment, la banalité n'est plus possible; c'est
une distinction énorme qui les sépare des gens étrangers l'un à
l'autre. Les trois quarts du temps, la banalité est un terrain
neutre et commun, où l'on cherche, soit à se rapprocher sans se
toucher, soit à rester invisible l'un pour l'autre, soit à se donner
le temps d'entrer dans l'individualité l'un de l'autre ; deux amis
ou deux amants sont une unité, il n'y a plus pour eux rien à
cacher, rien à découvrir, aucun intérêt à s'isoler. — Quant à
la banalité qui tient à la pauvreté d'esprit, on ne l'observe
plus comme ridicule. — L'amitié forte ou l'amour vrai est un
absorbant. — On est en l'une ou en l'autre, comme on est en
Dieu; — c'est ce qui explique qu'un homme supérieur soit
ami d'un homme ordinaire, et un beau de son siècle l'amant
d'une femme laide. — Enfin, pour Raymond, ces riens avaient

leur importance ; c'étaient malgré lui de ces niaiseries allusives qui ont leur excuse dans la bonne foi et la nécessité où l'on est d'être très-vague. — Il fallait à peine, dans une généralité, laisser deviner ce qui était à une adresse particulière. Un matin, par un miracle qui arrive à l'insu des familles, mademoiselle de L'Etang et Raymond se trouvaient seuls ; elle ne s'en aperçut pas d'abord. Il portait, selon sa coutume, une cravate bleue.

— Vous êtes donc voué au bleu ? lui demanda-t-elle.

— Je porte mes couleurs, répondit Raymond, tout ce que j'ai est en espérance.

— Mais l'espérance est verte !

— Oui, mais le bleu est la livrée des am...

L'assonance rompait la glace ou la rendait impénétrable. Mademoiselle de L'Etang tourna la tête et eut comme une aurore de rougeur intérieure.

— Je crois qu'on nous appelle, dit-elle en se sauvant.

Raymond s'en alla d'un autre côté, furieux de n'avoir pas osé la retenir.

Au dîner, il portait une cravate verte. Mademoiselle de L'Etang le remarqua, et il lui parut qu'elle rougissait d'avoir rougi : — il est vrai qu'elle portait un tour de cou vert.

IV

Mademoiselle de L'Étang et Raymond demeuraient loin l'un de l'autre, leurs familles étaient moins liées qu'en relations périodiques de voisinage, — ce voisinage de campagne, qui s'exerce à dix lieues de distance en supprimant les intermédiaires. — Ainsi, quoiqu'on se visitât depuis trente ans, et qu'on se traitât de *vieux amis*, toutes les phrases commençaient ou finissaient des deux parts par la formule *Madame* ou *Monsieur*. — Les jours où l'on partait pour la Louvière, à mesure que le terme du voyage, sans cesse éludé par les faux-fuyants de la route, apparaissait plus certain, un serrement de cœur, un malaise confus reprenaient Raymond.

Par une sorte de vertige analogue à la velléité féroce qu'on éprouve de se précipiter, quand, penché à une fenêtre très haute, on fixe le sol, — il aurait tout d'un coup désiré ne pas voir mademoiselle de L'Étang, et pourtant il était bien heureux d'arriver. Les chevaux ramassaient circulairement leur trot dans la cour ; au bruit des roues grondait le pavé, frémissaient les vitres ; la porte du perron s'ouvrait, et les hôtes de la Louvière se montraient avec un sourire invitant.—Raymond paraissait jeter un coup d'œil collectif ; il ne voyait qu'elle, et chaque fois un favorable augure lui redonnait foi en l'avenir. — Il sentait de l'amour dans le premier regard de mademoiselle de L'Étang, — ce premier regard qui n'a pas la force de tromper. — Ces quelques journées fermaient doucement le passé pour Raymond, et lui semblaient bien vite la vie qu'il avait toujours menée.

Il attendait toujours qu'un indice jusque-là négligé, une subite intuition apprît à mademoiselle de L'Étang qu'il l'aimait. Il comptait sur le hasard, l'agent de presque toutes les découvertes ; encore, ici, ce qui était à découvrir sollicitait-il l'inventeur. — Le pommier secouait exprès sa pomme pour faire réfléchir Newton. — L'amour de Raymond se décelait comme ces cachettes d'argent dont un défiant coup d'œil d'avare indique la direction. Plus d'une fois, quand il tentait d'arriver au point juste d'une révélation passive, mademoiselle de L'Étang se plaçait elle-même sur un terrain limitrophe, où, selon un terme de jeu d'enfants, *il brûlait*. — Un mouvement de plus, il trouvait, et les heures n'étaient faites que de cette minute espérée sans fin.

Une fois entre autres, mademoiselle de L'Étang, sa mère et une amie des deux familles, remontaient à pas raccourcis et se débandant à chaque instant, l'avenue du château ; Raymond allait de l'une à l'autre, revenant toujours à mademoiselle de L'Étang. — A une vingtaine d'enjambées de distance, le mari de l'amie suivait, maîtrisé par son journal et s'arrêtant aux nouvelles trop importantes. Mademoiselle de L'Étang était en robe de taffetas gris, les manches s'évasaient sur une mousseline bouffante autour de l'avant-bras et resserrée par un velours noir. Une de ses mains était gantée, l'autre main, fermée et ronde avec un bouton de Bengale au milieu, faisait l'effet de ces roses blanches dont le cœur est carminé. — Raymond était à son côté.

— Il paraît, commença-t-elle, que vous êtes très-assidu près de mademoiselle ? — (un nom quelconque).

— Je l'ai vue trois fois ; — que serais-je près de vous, alors ?

— On dit qu'elle est jolie.

— On ne dit pas qu'elle gante huit trois quarts.

La main nue de mademoiselle de L'Étang sembla sentir le besoin de se renouveler, par une sorte de contraction nerveuse, la conscience de sa petitesse.

— Vous savez qu'on lui donne 200,000 francs, Raymond, renchérit madame de L'Étang.

— Si une valeur qu'on épouse pouvait se serrer dans un tiroir, comme un billet de banque !..

— Mais non, reprit l'amie, la *passion* de Raymond, c'est la petite fille de — (un autre nom).

— Ah ! — Mademoiselle de L'Étang modula l'interjection, comme si Raymond était pris en flagrant délit.

— J'attaquerai en diffamation.

— Il faut vous marier, Raymond ; il y a de *beaux partis* à N*****

— Je les trouve laids.

— On mit en avant plusieurs nubilités. — Raymond ne tarit pas en âcretés sur le compte de pauvres filles à qui il ne voulait ni bien ni mal. — Il exécutait sans intention cette flatterie cruelle qui consiste à déchirer toutes les femmes devant celle qui vous écoute : de temps en temps, un sourire de mademoiselle de L'Étang était les honoraires de cette lâcheté vénielle.

Pendant tout ceci, le mari se rapprochait. En comparant sa femme aux victimes de Raymond, il se sentait blessé ; c'était dire devant un cul-de-jatte, qu'il n'y a rien de repoussant comme une jambe de bois.

— Il faut à monsieur Raymond, s'écria-t-il, *une femme vaporeuse!*

— Mais je vous assure *qu'elle* habite parfaitement la terre, répondit Raymond.

— Nous avions oublié quelqu'un, dit mademoiselle de L'Étang en lui jetant à voix basse un dernier nom.

— Vous savez bien que ce n'est pas tout ce monde-là, lui jeta Raymond avec une sorte d'impatience.

Un petit froid se manifesta dans la contenance de mademoiselle de L'Étang. — Raymond détourna brusquement la conversation.

Officiellement, elle ignorait tout; Raymond ne pouvait se déclarer. Il y a d'abord une ellipse mentale d'une délicatesse extrême à ne pas dire à une femme : *Ceci est de l'amour*, ainsi qu'on montre, sans nommer le personnage, le portrait d'un commun ami. — Certains états de la conscience, quand ils ne sont pas devinés, doivent être tus à jamais. — Mais surtout Raymond était reçu avec amitié à la Louvière ; et comme tout jeune homme accueilli dans la maison d'une jeune fille, il cédait à cette impression presque invincible : les regards qui vous entourent ne sont point sur la défensive; le ton dont on vous parle change à chaque instant le diapason de la voix secrète qui est en vous. La bienveillance s'exerce dans un ordre d'idées sans relation avec celui où vous vous supposez; interrogations, marques d'intérêts, prévisions, projets, tout demeure dans une neutralité tacite ; quel bouleversement un mot ou un geste apporterait dans ce commerce d'affection si bien établi, — et cette réception acquise crée une habitude de probité morale qu'il y a presque du charme à garder, tant elle est dangereuse à rompre. — D'autrefois, il passait à l'esprit de Raymond des bouffées de témérité absurde. — Il allait, peu d'instants avant le coucher, se glisser dans la chambre de mademoiselle de L'Étang, et le cœur haletant, mourant de peur d'être surpris, cacher sous l'oreiller du lit une lettre, puis passer une de ces nuits décisives, où l'on s'endort grisé par son audace, où l'on se réveille avec anxiété. — Le bruit de tous les jours circule dans la maison, tout est comme la veille, régulier et paisible. — On n'ose pas croire à ce qu'on a osé faire. — Souvent, pendant qu'ils étaient assis, au milieu d'une allée, il commençait sur le sable, avec le bout d'une canne, cette phrase : *Je vous aime* ; — ou bien enfin il allait lui prendre la main, et se venger du passé et de l'avenir en pâlissant sur ses lèvres les lèvres de mademoiselle de L'Étang ; il la regardait souvent semblant viser la place d'un baiser. — Que de fois il avait pu paraître distrait, comme un esprit qu'une tentation travaille, — répondant après un silence, — préparant des questions de long cours pour trouver l'élan du pas à franchir, — et amplifiant avec mademoiselle de l'Étang une banalité timide, pour arrêter sur elle des yeux plus hardis. — Il se reposait souvent dans des hypocrisies d'indifférence : rien dans son attitude, dans son regard, ne révélait qu'il l'aimait. — Mademoiselle de L'Étang pouvait penser que Raymond était à cent lieues d'elle. Il imitait ces maris qui annoncent le voyage traditionnel pour observer de plus près leurs femmes. — Quelquefois, — comme s'il eût été heureux de se croire, — il entreprenait involontairement une de ces démonstrations par l'absurde de l'amour. — Il bafouait devant elle le mariage. — Il répétait, presque avec l'envie de la blesser qu'il quitterait volontiers le milieu où il avait vécu, que personne ne tenait à lui, et qu'il n'aurait personne à regretter. — Fanfarons de haine, qui reculent devant un gant qu'on leur abandonne !

Il espérait aussi endormir sa passion comme un malade sa souffrance ; — mais un rien venait réveiller cet amour qui avait le sommeil si léger. C'était dans cette première visite qu'on rend au jardin, pour voir l'œuvre du jour revue par la nuit. — Raymond se retournait sur une rose ; — mademoiselle de L'Étang, avec une grâce persifleuse, la cueillait pour la lui offrir. — Elle ne savait pas le mal que lui causait ce bonheur honteux. D'autres fois, tout le monde sortait, Raymond feignait exprès de rester seul, et elle lui disait d'une voix irrésistible : « Raymond, venez-vous ? » — Le soir, tandis que les hommes se concertaient pour le whist, mademoiselle de L'Étang réservait à Raymond une place près d'elle.

On jouait à un de ces jeux innocents qui sont l'enfance des cartes, et Raymond multipliait les distractions pour amener entre ses doigts et les doigts légers de mademoiselle de l'Étang des effleurements gauches, — premier contact de deux épidermes, et d'où finissait par lui rester à la main une trace féminine et parfumée. — Lorsqu'il annonçait qu'il allait de nouveau passer une année à Paris, elle lui disait de ce ton qui est presque un ordre : — *Ensuite, vous ne nous quitterez plus.*

— Au départ de la Louvière, la voiture de la maison escortait jusqu'à une certaine distance la voiture des parents de Raymond ; — quand l'obliquité de la route commençait à les faire perdre de vue l'une à l'autre, — mademoiselle de L'Étang se penchait en arrière, Raymond détournait la tête. — Elle voyait bien qu'elle était regardée, et ils restaient ainsi jusqu'à l'extrême minute de la séparation. — Une fois surtout, — il s'était présenté pour Raymond une occasion sérieuse d'être utile à la famille de L'Étang ; — on l'avait dissuadé d'agir : — il y a des gens circonspects prêts à dire : — Quand même il s'agirait d'une vie à sauver, *pas de zèle.* — Mademoiselle de

L'Étang lui dit : *J'avais compté sur vous*; — et ce reproche causa à Raymond une sorte de volupté poignante. — Ainsi, une invisible volonté disposait de la sienne : — à toute heure, en tout lieu, mademoiselle de L'Étang se reposait sur un ami. L'amour de Raymond était une épée, dont la poignée était à la Louvière, et la pointe partout. — Pour être ainsi certaine de son pouvoir, il fallait qu'elle se sût aimée.

Il n'y a guère, en affection, de position plus pénible que la position d'un homme à qui une femme donne, par ignorance de toute diplomatie, ce qu'une autre croirait n'accorder qu'en s'engageant.

On ne fait pas rentrer dans l'amitié ce qui appartient à l'amour. — Le serrement de main d'une femme jeune causera toujours un frémissement. — Une femme qui dit : Ne soyons qu'amis, c'est un tigre qui conviendrait avec un chien de ne pas le dévorer. — Que valaient, par exemple, pour Raymond ces fleurs souvent données? — ce que valent ces baisers sans saveur et sans suc, qu'on prend autour des lèvres d'une jeune fille, sur l'invitation des parents. — Raymond les avait portées à peine. — Garder ces fausses reliques eût été une de ces niaiseries navrantes qui inspirent un petit mépris de soi-même. — Et pourtant s'il était aimé de mademoiselle de L'Etang? — Il cherchait à se prouver qu'elle n'existait point pour lui, — et quand ses yeux touchaient les réalités, il se défiait d'un mirage. — C'était là son inquiétude, son espérance, l'inconnu de sa vie. — Si elle ne l'aimait pas, pourquoi ses regards n'avaient-ils jamais pour lui la satiété des gens indifférents. — Elle ne l'aimait pas, mais si elle l'avait aimé, avec quelle intonation autre eût-elle prononcé le nom de Raymond. — Pourquoi allait-elle au-devant de ces mille riens, qui sont les signes de ralliement de deux esprits qui s'entendent. — Pourquoi, quand il revenait, le visage de mademoiselle de L'Etang avait-il une joie de longue haleine, et quand il partait, un petit sourire abattu. Si elle l'avait aimé, elle n'aurait pas eu une attitude autre, — le diagnostic eût été le même. — Était-ce seulement un fond d'amitié sous une forme amoureuse, ou bien encore une aménité prodigue? — Il l'avait observée en présence d'autres jeunes gens, amis de la famille, — très-résolu à voir ce qu'il en était. — Il l'avait trouvée avec une contenance indifférente, une politesse sans effort, mais non plus avec cette manière d'être qui à elle seule est une caresse. — Tout autre, plus sceptique ou plus confiant que Raymond, se fût cru aimé.

V

Toute espérance était-elle donc interdite à Raymond? entre mademoiselle de L'Etang et lui se dressait-il une chaîne de montagnes si indomptable, qu'une volonté généreuse ne pût la réduire par le mot royal : *Il n'y a plus de Pyrénées*. — Au premier coup d'œil, au contraire, le sol commun paraissait plane.— Si mademoiselle de L'Etang eût aimé Raymond, c'était un mariage admissible : tous deux avaient à peu près le même âge, Raymond appartenait à une vieille famille et n'était pas sans fortune ; puis, en mieux regardant, les difficultés surgissaient :— ce sol, qu'on aurait cru plane, ressemblait à ces champs unis d'aspect, et que divisent des *défenses* profondes.

Ces *défenses*, à peine visibles, existent aussi dans la hiérarchie sociale, et l'opinion publique déclare procès-verbal à quiconque les franchit. — Ainsi, cette parité d'âge commençait les prétextes aux empêchements, une femme étant toujours l'aînée d'un homme, quand même ils seraient jumeaux ; — ensuite le nom de Raymond, pour les antiquaires, ne valait pas le nom des L'Etang ; il ne se blessait pas, d'ailleurs, de cette infériorité honoraire ; — enfin, par le bénéfice de cette absorption, établi au profit des femmes, mademoiselle de L'Etang pouvait prétendre à un parti bien plus brillant.

C'étaient les objections que Raymond faisait à sa passion, et sa passion lui répondait avec raison, une fois par hasard, qu'il n'y avait là rien de réellement insurmontable. — C'était cette disproportion trop peu saillante qu'il redoutait.

Les extrêmes se touchent, les moyens s'isolent. — On a observé plus d'une fois qu'il y a plus d'affinité entre un plébéien et un grand seigneur qu'entre l'un des deux et un homme de la bourgeoisie. — Le vrai peuple et la franche aristocratie se tiennent par les mêmes qualités premières : l'abnégation, l'absence de peur d'être compromis, le bon mouvement sans calcul, le dégagement de petits préjugés. — Il n'est pas sans exemple de voir une femme de la condition la plus élevée aimer un homme qui ne serait au-dessous d'elle que par le rang ; on voit d'autant plus loin qu'on regarde de plus haut. On chercherait vainement dans la gentilhommerie qui côtoie la roture le type magnanime de mademoiselle de la Mole, de Stendhal ; — nul ne tient aux prérogatives de sa noblesse, comme celui qui tient à la noblesse par un cheveu ; — qui de plus jaloux de sa nationalité qu'un Français limitrophe, dont l'arbre encore français a déjà l'ombre belge ? — Les contrastes, d'ailleurs, s'attirent par leur énergie ; — tout le monde voudrait apprivoiser le Misanthrope, et personne ne caresse Philinte, qui est tout apprivoisé. — Les situations à peu près identiques restent sans progrès l'une sur l'autre.—Elles semblent si aisées à quitter. — Rien n'arrête le niveau comme les PETITES INÉGALITÉS ; — on marche au but sans y prendre garde, ce n'est qu'au but qu'on les découvre. On s'habitue patiemment pendant un demi-siècle à perdre une heure, à gravir une pente douce ; on perce de suite un escarpement ardu ; que de projets importants n'a point paralysés une paresse futile ? — Le monde est plus sévère pour les nuances que pour les couleurs. — Il y a une certaine dignité dans la position de l'homme complétement au-dessous d'un autre; il y a un peu de la bassesse du satellite dans le rôle de l'homme à côté de vous. — Peut-être un jour parlerez-vous comme à un égal à l'homme que vous ne saluez même pas. Vous traiterez toujours en inférieur l'homme qui vous dit *Monsieur*, et à qui vous dites : *monsieur un tel*. — Les lignes opposées finissent toujours par se rejoindre. — Les lignes parallèles sont le supplice de Tantale de la géométrie.

Cette petite coterie, gardienne du respect humain, vengeresse des convenances, et de qui relèvent tous les mariages, n'eût jamais agité la réception de Raymond dans la famille de L'Etang : — pourquoi?

Parce que la chose n'était pas ou toute faite, ou un peu impossible à faire. — On ne prend jamais parti que dans une situation fortement tranchée. Ce qui est modérément inacceptable ou modérément possible, ne crée jamais de partisans et d'adversaires.

VI

Cependant il ne s'agissait plus pour Raymond d'une de ces fièvres morales qui accélèrent la transition de l'adolescence à la virilité, comme les maladies longues précipitent la croissance du corps : — expériences salutaires où le cœur se gonfle des boudeuses amertumes de la puberté, de désolations rêveuses, de toutes les aspirations soufflées par la lecture, — pour se dégonfler au premier sang d'une piqûre d'aiguille ; comédie où le malade imaginaire d'amour est bien vite sauvé par la réalité, cette autre madame Argan ! Il ne s'était pas jeté à la tête de mademoiselle de L'Étang, comme un enfant pressé d'être homme est aveuglé par la première femme rencontrée au sortir du collége. — Il n'avait pas reconnu l'héroïne de ce roman stupide, dont on est flatté de passer pour le héros, aux yeux de la menue génération qui vous regarde. — Plus d'un robe de femme l'avait déjà frôlé, sans qu'il songeât à baiser avec une foi ardente le bout de cette robe pour *ne jamais guérir!* Ces femmes possédaient peut-être une plus grande initiative de beauté, mais il n'aurait pas placé sa vie en elles avec confiance.

La passion de Raymond souffrait au contraire l'analyse ; — elle avait l'exactitude d'un théorème. Cet amour était chez lui le résultat du discernement, de l'étude, du choix ; il l'avait conçu comme une vocation ; — mademoiselle de L'Étang devenue sa femme, il la supposait, dans les jours pénibles, après l'*équinoxe* de l'amour, aux instants où l'amant doit avoir la force de dix amis. — Il ne s'effrayait pas ; il se sentait le pouvoir de se remettre à elle corps et âme. — Il y avait surtout de sa passion une raison mauvaise, seulement parce qu'elle était la raison du plus faible.

Le cercle de leur vie à tous deux passait par le même méridien. Dans une sphère commune d'attraction, ils avaient grandi en même temps. — séparés assez pour que ne se produisît pas entre eux cet effet des intimités sans perspective : on arrive à ne pas plus pouvoir juger une femme qu'on ne juge un tableau regardé de trop près ; la routine visuelle empêche d'avoir conscience de la beauté qui s'élabore, comme on ne remarque pas la lente altération d'une physionomie qu'on a sans cesse sous les yeux. — C'est ce qui explique, outre cette cécité divine dont serait frappé le regard charnel, qu'un frère n'aperçoive pas la femme dans sa sœur. L'absent, au contraire, lit d'un coup d'œil le total des jours passés sans lui. — Enfin, la vie trop contiguë neutralise toute influence, et fait vivre sans danger un homme jeune à côté d'une jeune femme, — comme ces chiens colossaux et ces chats délicats qui, à force de se retrouver au même foyer, se sont changé en amis inséparables.

D'un autre côté, Raymond et mademoiselle de L'Étang avaient été trop peu divisés pour que l'impression créée pa chaque dernière entrevue s'effaçât. Il y a de la photographi dans l'amour ; — il ne faut pas laisser à l'isolement le temp de faire évanouir l'image obtenue par le regard. — Ainsi, a moment où ils auraient pu finir par s'oublier ou par deveni indifférents l'un pour l'autre, quelques coups du hasard dé grossissaient, distincte encore, l'ébauche de leur affection.

Chaque intervalle écoulé renvoyait à Raymond son camarade féminin avec un charme insolite de démarcation, un complément d'adolescence, une coquetterie plus harmonieuse, un plus proche aspect de jeune fille. — Les grâces mobiles des premiers quinze ans se fixaient en beauté. — L'affection de Raymond avait changé de caractère en suivant la transformation corporelle de mademoiselle de L'Étang. Tant que tous deux n'étaient qu'enfants, l'élément de l'amitié existait seul entre eux. Il avait commencé à devenir amoureux à mesure que mademoiselle de L'Étang acquiérait l'élément de l'amour.

Déjà, à un âge où les yeux de l'âme ne sont pas encore ouverts, il éprouvait à propos de mademoiselle de L'Étang une sensation confuse que ne lui causait aucune des petites filles de son commerce habituel. — Sur un carré de taffetas, il inscrivait le nom de mademoiselle de L'Étang, et baisait chaque lettre à la dérobée, puis avant de dormir, il plaçait à côté de lui ce mot d'ordre de sa pensée. — Un matin le dangereux chiffon fut oublié sous l'oreiller ; Raymond ne s'aperçut que trop tard de son imprudence. — Il eut toute une journée de perplexité. On avait dû saisir cette pièce d'un délit non prévu et la communiquer hiérarchiquement. Le nom de mademoiselle Paule de L'Étang était bien connu au collége de V*** — Raymond aurait ressenti une honte pleine d'angoisses à être découvert. — Cette pudeur sotte dénotait déjà une conscience d'enfant troublée par un fait de jeunesse. — Heureusement on s'était contenté de redresser l'irrégularité du lit, comme on répare d'un petit soufflet une robe à peine chiffonnée. — Le bout de ruban fut retrouvé plus intimement enseveli. D'autres fois, à la manière des enfants qui rêvent qu'ils sont centenaires, ou des nains qui rêvent qu'ils deviennent des géants, il rêvait avec des absurdités féeriques qu'il épousait mademoiselle de L'Étang. — L'amitié de Raymond dégageait déjà de l'amour, comme on surprend de temps à autre dans un regard d'enfant un éclair viril, — ou bien comme ces feuilles qui ont déjà le parfum de la fleur future.

Mademoiselle de L'Étang et Raymond avaient minutieusement initié l'une à l'autre leurs deux natures. Une fois dépassée, cette montagne d'égoïsme après laquelle chacun commence à pouvoir parler de soi sans danger, la route des affections n'est plus qu'une descente ; — pour Raymond, le terrain de l'amitié était battu, il fallait empiéter sur l'amour. Mille demi-libertés l'avaient encouragé. — Mademoiselle de L'Étang et lui se trouvaient déjà de moitié dans les petits événements de leur jeunesse ; — la vie commune semblait être préparée pour eux, — une femme et un homme faits réciproquement à leur image doivent ressentir l'un pour l'autre quelque chose de l'amour infini de Dieu pour sa créature. — Raymond ne s'était pas épris *à priori* de mademoiselle de L'Étang ; bien des gens sont au fait de la femme qu'ils épousent, comme cet Anglais qui, aussitôt entré dans la rade de Constantinople, repartait pour Londres, — emportant le droit de dire : *J'ai vu l'Orient.*

Raymond n'était pas de ces combattants vulgaires de la vie dont la devise devrait être : *Ils sont venus, ils ont regardé et ont été vaincus*. Nul mieux que lui ne connaissait mademoiselle de L'Étang; il ne connaissait personne mieux qu'elle.—. Il avait pénétré dans sa cause première le charme de sa beauté ; il s'était nourri de sa vue et de sa parole. — Il savait mademoiselle de L'Étang au point de ne plus pouvoir l'oublier. Petit à petit, sur des assises profondes, avec un discernement attentif, d'exquis tâtonnements et des épreuves de consolidation, s'était élevé cet amour. Il y avait mis dix ans, et comme ces édifices d'une ténuité grandiose, dont les siècles se léguaient l'achèvement, cet amour se dressait inébranlable et léger, patiemment ouvragé à l'intérieur, inépuisable en détails riches, en mystères impénétrés, et éclairé, comme un sanctuaire, par un jour voilé.

Par ce qu'on pourrait définir : *les fiançailles spirituelles*, déjà Raymond appartenait à mademoiselle de L'Étang. Il était obligé de dire : *Je pense, donc elle est*. Sans que son libre arbitre en fût diminué, il se sentait lié à elle par un fil lâche de toutes les résolutions et de tous les actes. — La personne aimée est partout; elle ne gêne ni le bien ni le mal, on la sent, comme on sent Dieu présent. Mademoiselle de L'Étang formait l'horizon visuel de la vie de Raymond ; tout lui apparaissait en deçà d'elle ; il ne soupçonnait rien au delà. — Cette passion, lente, inoffensive d'apparence, laborieusement infiltrée, s'était mêlée à son sang et avait tout d'un coup révélé son intensité, comme ces poisons qui attendent longtemps pour agir ; aucun antidote n'eût eu d'effet rétroactif.

Et les deux familles semblaient supposer qu'il fût possible à Raymond de vivre autour de mademoiselle de L'Étang sans subir de si près ce charme féminin exercé à de longues distances. — Il était au meilleur jour pour la juger ; le temps ne lui manquait pas pour la voir sous des faces diverses ; — la percussion de chaque nouvelle mise en rapport enfonçait plus avant la passion de Raymond. On eût pu compter, par le chiffre des entrevues, les couches successivement plus résistantes de cet amour d'enfance, — comme on calcule l'âge d'un arbre par les revêtements de l'aubier. — A chaque apparition, elle faisait une entrée plus victorieuse dans le cœur de Raymond, et l'on paraissait admettre comme la situation la seule vraie, ces relations niaisement enjouées entre une jeune fille et un jeune homme ; on eût dit qu'ils devaient être l'un pour l'autre des enfants ou des gens de quarante ans ; l'intermédiaire de la jeunesse paraissait non avenu : — On espérait rompre leurs vingt ans à une diète morale ; — comme ce paysan qui voulait accoutumer son âne à ne plus manger, et qui, l'âne étant mort de faim, s'écriait : Quel dommage, il commençait à ne plus me rien coûter. — Il semblait que ce dont on ne parlait pas n'existait pas.

Dans cet ordre d'idées, l'amour le plus chaste passait pour une chose déshonnête ; la vraie destination du pêcher, offrant ses fruits mûrs, semblait être de servir de bois à brûler.

Cette fiction négative irritait chez Raymond la réalité ; il se contenait mal dans cette pose ridicule où l'on a des yeux pour être aveugle, des oreilles pour être sourd, une langue pour être muet. — En dehors d'elle on le traitait en jeune homme, et, près d'elle, tout au plus si on n'oubliait pas la différence du sexe. — Nul regard, nulle observation n'avaient trait à ce péril perpétuel sans cesse aggravé. — En face de Raymond, on appesantissait la question du mariage, on discutait les prétendants, on faisait comme ces distraits têtus qui poursuivent à ses antipodes l'objet qui les touche à bout portant. — La présence de tout autre jeune homme eût créé une de ces situations chatouilleusement défensives où tout devient hostile. Ici, il aurait fallu déclarer la guerre à toutes les puissances. — Pourquoi aller chercher si loin qui elle pouvait aimer, qui pouvait l'aimer ? N'étaient-ils pas du même monde ?

Ainsi, supplice intolérable, il lui fallait entendre traiter comme une extravagance la chose du monde la plus conforme au bon sens. L'extravagance eût été qu'il n'aimât point mademoiselle de L'Étang ; — son amour était fourni d'assez de considérants pour convaincre la cour de l'opinion, et il se trouvait condamné à vivre à côté d'elle ; on ne lui épargnait pas les occasions de la voir ; — si au moins on ne les avait pas mis en présence l'un de l'autre ; il subissait ainsi ce traitement barbare des prisonniers de guerre à qui on enlève les cils et les paupières, et qu'on expose ensuite au soleil. — Raymond sentait la toute-puissance de cet amour par la résurrection que la vue de mademoiselle de L'Étang opérait en lui.—Lourd, éteint, anguleux, il redevenait, dès qu'elle était là, aérien, allumé, souple. — Son regard passait partout ; sa voix prenait tous les timbres, une électricité amoureuse l'environnait ; on s'étonnait de ces coups de foudre d'esprit qui partaient avec l'éclair des yeux ; les ressorts de la vie s'adoucissaient ; la poutre qu'on aperçoit dans la prunelle du prochain devenait brin de paille. — Il avait la superficie du bonheur dont mademoiselle de l'Étang pouvait lui assurer le fond. — Le monde n'est bon en moyenne que parce que la moyenne de la vie générale est du bonheur.—Elle seule pouvait deviner la cause de ces orages dans un ciel serein, le miracle de ces bizarres assomptions intellectuelles. Souvent il avait peur qu'elle ne se méprît sur son compte. Il passait près de tout son monde pour *méchant, fou*, ne *tenant à rien*, enfin toutes les banalités accusatives des gens de province. — Et pourtant, ce n'était plus le *roseau peint en fer*, c'était le fer habillé de roseau. — Ces légèretés avaient une destination sérieuse. Seulement, aux yeux mal exercés, il ne pouvait paraître tel qu'il était ; parfois même, il s'aventurait trop, mais mademoiselle de L'Étang le grisait si vite. — Il disait et faisait mille folies. — Seul, on l'aurait surpris réfléchi et inquiet : — la mélancolie après boire. — Dès que mademoiselle de L'Étang disparaissait, tout ce feu s'éteignait par degrés, faisant encore jaillir en s'affaissant quelques étincelles, mais, le lendemain, le foyer si flambant n'avait plus que des cendres froides.

Le moment où l'on se retirait était celui où Raymond pouvait dire : *Je n'ai pas perdu ma journée.* Tant de monde qu'il y eût, mademoiselle de L'Étang lui adressait un petit salut privilégié. Que de diplomatie pour se trouver à table à côté d'elle ; combien de fois les plaisants ne lui causaient-ils pas une souffrance délicieuse en les appelant : *jeune ménage.* — C'était reconnaître la vraisemblance de ce mariage ; d'un autre côté, les plaisants qui trouvaient le mot si agréable, — avec la fantasmagorie des intérêts, eussent regardé la chose comme monstrueuse. — Que de fois aussi, pour ne pas rougir, quand on adressait à Raymond une question qu'il prévoyait devoir amener la conversation sur mademoiselle de L'Étang, faisait-il comme ceux qui, à la demande du chemin à suivre, répondent par une indication opposée. — Souvent, d'après une arithmétique de petite ville, qui rappelle les *tailles* de boulangerie, on s'informait de l'âge de Raymond pour savoir l'âge de mademoiselle de L'Étang ; ils étaient à peu près de la même année. A force de préméditation, il s'endurcissait à causer de mademoiselle de L'Étang. — Souvent, pour le plaisir de voir au microscope les mérites d'une femme aimée, il accumulait les verres grossissants de la contradiction, prêt à se trahir si on l'avait pris au mot. Mais il déléguait sans crainte ses propres impressions ; on les lui renvoyait comme un écho plus sonore que la voix. — La plupart du temps, il arrivait à une indifférence anxieuse, un ton brûlant à force d'être glacé, qui pouvaient tout faire deviner ; le seul moyen, aux yeux du monde, de paraître étrangers l'un pour l'autre, c'est l'investiture réciproque de la personne aimée. Les amoureux qui rôdent autour de la propriété sont toujours surpris. C'est ce qui explique que l'innocence soit si souvent punie, et le vice si souvent récompensé.

VII

Seul, plus tard à Paris, dans ces agitations où la vie, remuée dans toute sa profondeur, se trouble, une paix soudaine reformait la transparence, et de nouveau, la perle se laissait voir au plongeur; dans ces journées terribles, où le cœur, va se briser ou se bronzer, s'interposait entre ces deux extrêmes un souvenir trop fortement enraciné dans l'âme de Raymond, pour s'ébranler au déchaînement de son esprit. — Il avait — pour être heureux de s'en nourrir plus tard, — stérilisé bien des croyances fertiles, profané bien des saintetés. La vie de Paris, vie emportée, boueuse, corrosive, lui avait lancé plus d'une éclaboussure, mais l'image de mademoiselle de L'Etang, parmi toute brutalité iconoclaste, était restée pure, intacte, immaculée. — Ses débauches de cerveau lui avaient laissé cette virginité. — Les ardeurs vulgaires eussent à coup sûr séché son âme; cet amour noble le rafraîchissait—comme ces roches crayeuses et dures d'aspect, qui se veloutent de gramen. — Ce terrain sans souillure, c'était l'isthme qui rattachait Raymond au sol natal.— Petit à petit, derrière mademoiselle de L'Etang, au second plan, surgissaient les parents oubliés, des visages de bonnes gens aimants, le clair-obscur des années légèrement écoulées, et ce tableau de la vie droite et digne se refaisait tout entier. Cette rétrospectivité, c'était l'avenir possible vu par le passé; il recouvrait ainsi une force de mépris qui le rendait supérieur à ces seigneurs monotones et mesquins de la vie parisienne, dont le domaine a pour bornes un divan de café, une jupe docile comme un rideau de théâtre, ou quelque procédé de plaisanterie qu'on n'abandonne qu'à la mort. Raymond se relevait de son abattement; son âme se retrempait dans cette atmosphère saine ; il regardait de haut ce petit monde frelaté, se noyer dans cette vase, avec plus de délices que Clarence dans son tonneau de Malvoisie.

Puis, à un autre point de vue de conservation,—non plus dans ces défaillances du sens moral, mais dans ces prostrations de la vitalité, — quand il lui restait de chaque parole une saveur amère dans la bouche, quand il ne doutait même plus, quand en soumettant toute amitié à l'analyse chimique, il y reconnaissait des taches arsénieuses, — quand il comprenait l'inanité dérisoire de ces distributions de prix de la vanité, où tous les élèves sont couronnés, — la solitude morne que font autour d'une âme élevée, ces bonheurs bruyants, — paradis des imbéciles. — Lorsque la vie, déshabillée de sa dernière illusion, lui apparaissait à nu,— comme un clown replet d'apparence, après avoir défait un à un, parmi les rires croissants, les cinquante gilets qui lui bourrent l'estomac, se réduit à sa réelle expression, — quand, harcelé par mille dégoûts, il se sentait à bout de force, comme un homme qui, les mains en feu, lâche une corde de salut, alors une figure céleste venait le reposer;

eût-il condamné sa porte pour tout le monde, par une iss[ue]
secrète, elle se glissait jusqu'à lui, toujours bien venu[e].
Celle-là, rien ne l'avait ternie — à nulle profondeur, da[ns]
nul repli, cette nature ne logeait une trahison. — Raymon[d]
pouvait s'abandonner à l'aimer de toute la plénitude de so[n]
âme. — Sa foi en mademoiselle de L'Etang n'avait pas d[e]
restrictions. Il pouvait être lui-même sans calcul d'éven[-]
tualités, sans précaution, n'étant gêné dans aucun désir d'al[-]
ler au bout de sa propre personnalité. — Ce besoin d'idéa[l]
qui tourmente même une cervelle gâtée, se trouvait épuis[é]
par là. — L'être le plus vicié a eu un instant, où si l'on n'a[-]
vait pas contrarié ses premiers mouvements, il suivait une di[-]
rection de salut. — L'histoire de bien des instincts ombrageu[x]
est l'histoire de la sensibilité des cornes de l'escargot. — Le[s]
bonnes aspirations refoulées pervertissent le moral comme le[s]
sueurs rentrées décomposent le sang. — Pour Raymond, cet
amour était une purification. — La vie valait donc quelque
chose puisque mademoiselle de L'Etang était de ce monde, et
les yeux fascinés par la perspective du but, il oubliait les chu[-]
tes et les fatigues ; mais comme un adversaire qui rompt à
mesure qu'on avance, ce but reculait sans cesse, — et
Raymond allait presque en être séparé par ce mot : *Com-*
bat nul !

Enfin — il ne faut surfaire personne ; le plus invulnérable
marche au moins avec le talon d'Achille. Une singularité ai[-]
guisait l'amour de Raymond. Dans le contingent de deux
années, en remuant Paris, ce kaléidoscope éternel, il avait
rencontré par la combinaison des dessins, trois physionomie[s]
de femmes où se retrouvait divisé le détail des traits de made[-]
moiselle de L'Etang ; chacune des expressions les plus géné[-]
rales de sa nature avait pour ainsi dire pris corps ; — la pre[-]
mière de ces figures personnifiait le fouettement incisif de s[a]
physionomie, l'autre la régularité sérieuse des affections so[-]

lides; la dernière, la perfection de la race. — C'étaient, une actrice très-affichée et très-courue, une fille qui vivait de son travail, et une femme du meilleur monde. Les trois milieux sociaux : cette couche végétale artificielle où les femmes fleurissent comme des dahlias bleus, — cette pépinière vierge des dévouements ignorés et des affections uniques. — Ce crû de gens d'élite, d'où l'on tire l'exquis des sentiments et des sensations. — En fondant les parités de ces trois physionomies on eût pu faire de mademoiselle de L'Etang un Sosie qui eût trompé le discernement ordinaire. Que de fois, sous un chapeau de crêpe, sous le col blanc, le châle léger, la robe retroussée avec soin, la décence ignorante — il s'était retourné en disant : C'est elle. — C'était elle encore, avec cette blancheur fatiguée, dans ce libertinage de toilette, avec ce sourire érudit; — c'était elle enfin, dans ce salon authentique, avec cette simplicité dans l'élévation, ce sang-froid des intelligences que rien ne surprend, cette exactitude de nuances.

Mademoiselle de L'Etang éclipsait ces trois similitudes, par ce qu'il y a d'insaisissable dans l'originalité, par la supériorité de l'unité, par un caractère plus fin de beauté. Ces trois figures étaient le reflet affaibli, le pastiche impuissant de la sienne; il n'y avait pas là une sorte de triolet de ressemblance; chacune de ces physionomies ne rentrait pas dans les trois autres; — elles dérivaient de mademoiselle de L'Etang : — un soir un hasard multiple avait réuni ces trois femmes au théâtre de l'actrice. — Il fallait à Raymond ces trois figures pour se reconstruire un type adoré. *Hélas! s'il avait vu mademoiselle de L'Etang* à ce triage difficile, se fût faite d'elle-même une application vivante et terrestre, de ce quatrain défunt et mythologique qui se termine ainsi :

      Hélas! s'il avait vu l'adorable Martel,
      Il n'en aurait employé qu'une.

On n'aurait pas pu dire que Raymond eût aimé ces trois femmes ; — c'était mademoiselle de L'Etang qu'il avait cherchée en elles ; — il faisait comme ces gens qui hors d'état d'acheter le tableau se rattrapent sur la gravure. — Cette infidélité cachait une façon d'être fidèle. — Il croyait donner de l'or et payait en fausse monnaie. — Souvent les yeux disaient: *Est-ce bien à moi que ce baiser s'adresse?* — On avait dû se demander la traduction de contemplations distraites, de stupéfactions brusques, d'extases auxquelles succédait sans transition une inattention familière. Il caressait avec l'acharnement de l'inanité ces simulacres d'une réalité adorée ; — tantôt tremblant de profaner et s'arrêtant, tantôt voulant obtenir raison de ce mirage. — Il lui semblait que ces trois femmes avaient quelques notes de la voix, et devaient avoir quelque chose du caractère de mademoiselle de L'Etang ; et que par elles il pourrait la pénétrer. — Tous les types physiques identiques, ont des côtés moraux analogues. — Chaque fois que dans l'entassement des événements il allait perdre la trace de mademoiselle de L'Etang, comme on perd un compagnon de route dans le pêle-mêle d'un quartier, — une de ces trois figures lui était apparue, ce type si en harmonie avec lui-même avait repris son empire ; c'était bien mademoiselle de L'Etang qui arrêtait toute autre sympathie. Raymond sentait dans tout son être un prurit glacé, comme si une goutte d'acide traversait la circulation du sang. Chaque vision semblait lui dire : *Aimez-la,* et il était condamné à aimer pour l'amour d'elle.

Puis en repartant pour sa province il se sentait raffermi contre tout changement ironique. — L'esprit de dénigrement de Paris, cette petite ville de sept lieues de tour, géant au cerveau étroit, — ne pouvait rien contre son amour. — On ne tire pas sur les siens et la province lui rendait ce que donne Paris. — Il retrouvait dans la physionomie de mademoiselle de L'Etang le germe non vénéneux de cette dépravation spirituelle, payée si cher, — le résidu valable, l'excuse, le parfum concentré de cette grosse poésie des années premières, où l'on promulgue ses triomphes avec des roses à la boutonnière, où l'on s'entête à chanter sur parole le bonheur modeste, tandis que quelque pauvre fille honnête vous initie à l'amour, — ce qui reste d'avouable de la première maîtresse, — enfin un rayon d'un monde étincelant, — plus que cette dernière femme, mademoiselle de L'Etang avait la jeunesse et les promesses de l'inconnu, l'éclosion à venir : c'était madame de..., dix ans plus tôt. — Cet amour de province, au lieu donc de tomber devant Paris, se fortifiait au contraire de cet élément parisien. Au sortir de ces ébauches, après ces épreuves diversement venues, la figure de mademoiselle de L'Etang se détachait plus certaine, — elle résumait les ignorances mélancoliques des vingt ans, les raffinements rêvés, les hardiesses hautaines, — le bon et le mauvais — tout l'homme, — le passé et l'avenir de Raymond. — En outre, il avait dégrossi sa passion. Ce qu'elle contenait de sentimentalité vulgaire, de curiosités dangereuses, de morosité envieuse, était parti. — Il avait aimé mademoiselle de L'Etang en trois personnes, il retrouvait maintenant en elle seule ses trois amours épurées.

Une nuit, Raymond fit un de ces rêves qui, rompus à plusieurs reprises, se ressoudent, et pendant lesquels on s'affirme qu'on n'est plus berné par un rêve. — Le cerveau prend les proportions d'un théâtre, la vie s'y joue, et l'on voit en soi-même, comme si les yeux se tournaient vers le dedans.

Mademoiselle de L'Etang était sa femme. — Il osait enfin une évolution amoureuse, car même dans cette absurdité complaisante, la logique a un impitoyable instinct de conservation. — Tantale devait faire des songes d'inanition. — Jamais Raymond n'aurait pu profiter de l'anarchie du rêve pour attenter à l'ordre de la réalité. Il éprouvait le soulagement d'une longue oppression, la précipitation d'une source qui se fait jour, à raconter à mademoiselle de L'Etang la part anonyme qu'elle avait eue dans sa vie. — Juif errant du bonheur — à qui Dieu permettait de s'arrêter, — il traçait, pour la légende de son amour, l'itinéraire de ses traverses, de ses angoisses, des déserts traversés. — Il lui restait de tout ce mauvais temps cette lassitude inépuisable et douce qu'ont les héros de campagnes militaires, soudainement débiles, dans leur majesté robuste. — Mademoiselle de L'Etang se sentait enveloppée d'une caresse divine, à être transportée dans cet amour sans commencement ni fin. — Elle le découvrait sous une parole oiseuse, sous un fait ordinaire, sous une circonstance banale, comme en grattant une peinture vulgaire, on retrouve quelquefois un chef-d'œuvre. — Le passé, brouillé et épais, prenait un sens clair et fin, ainsi que ces livres mystérieux dont il faut avoir la clef. — Sa vie ressemblait à ces étoffes qui n'ont pas d'envers; il lui était donné de tirer, d'un événement ancien, une sensation neuve; — une lumière tendre éclairait pour elle la nuit des années enfuies, comme si le soleil déjà couché se relevait pour laisser voir une seconde fois un site qu'on apprend être un lieu célèbre.

Ils s'en allaient, souriant de leur ancien rôle muet, dans ces sentiers qui parlent d'amour et qui se taisaient alors à leur passage. On aurait cru voir maintenant une pantomime voluptueuse des petites fleurs, du feuillage, du vent et de l'ombre. — Il ne sentait plus avec tristesse cette senteur timide lui monter au visage, comme on respire le parfum d'une robe qu'on ne peut pas toucher. — Il poussait moins de fleurs que n'étaient tombées sur cette herbe de graines de pensées pleines de mademoiselle de L'Etang. — A quoi serviraient les fleurs des champs, si jamais il ne passait d'amoureux près d'elles?— Là était le peuplier d'Italie, vigoureux et frémissant, et sous lequel il songeait, allant à la rencontre de l'avenir. Toutes ces choses, qui ne lui étaient de rien autrefois, rentraient alors dans son bonheur. — Cette nature, autrefois inanimée, restait après eux vivante comme une chambre qu'on sent habitée. — Il avait erré en étranger parmi tous ces aspects indifférents, il sentait maintenant qu'il s'y promenait en maître.

Puis, par un changement invisible, le rêve les transportait au théâtre, un des plaisirs de mademoiselle de L'Etang. — Il lui racontait le profit qu'il attendait jadis pour son amour d'une analogie scénique, quand il était derrière elle, dans cette même loge. Elle ne pouvait entendre certains axiomes généraux sans tirer une induction particulière. — Le personnage de telle pièce devait lui donner le signalement de Raymond, et c'était l'acteur qui faisait l'aveu. — Elle ne pouvait pas ne pas être éclairée tout d'un coup sur sa situation. — Dans le monde, il portait, sans se cabrer jamais, ce mors élégant que l'intérêt vous met dans la bouche. — Il écoutait et répondait, avec cette distraction conciliante des gens qui semblent heureux de vous écouter, parce qu'ils sourient à quelque idée intérieure. — Au fond d'une campagne perdue, où l'on n'entendrait pas les cris de détresse de l'ennui, trouvez-vous à vingt-cinq ans, — célibataire égaré parmi des gens mariés. — Quand du moins magnétisé par la sensualité, vous marchez sans calcul sur la crête de la sottise, un bruit odieux vous réveille : — tout le monde badine agréablement ; — il se dit, avec une folle gaité, des choses où il n'y a pas le plus petit mot pour rire. — Ce n'est pas ce colloque inepte qui engendre cette bonne humeur, c'est une pensée friande et clandestine ; — chacun de ces maris lorgne fugitivement sa femme, qui lui paraît plus jolie que chez lui, tableau vieilli d'aspect qu'un cadre nouveau rajeunit. — Il est onze heures, l'heure de la vengeance est proche ; — vous, vous rentrez morfondu dans votre cellule. L'ennui se fait léger quand il sait qu'on pourra le déposer dès qu'on voudra; il est de plomb quand il sait qu'on ne portera que lui.

La vie morale de Raymond était assurée ; — Il éprouvait ce vertige nerveux d'une attente enfin remplie, — frisson de peur après le danger.

Il se réveilla brusquement, comme si une main brutale l'eût secoué. — Sa chambre était taciturne; un jour chassieux éclairait mal le désordre de la veille; tous les objets avaient une monotonie dure et formelle; — au dehors, le bruit grondait indifférent; il pleura.

VIII

Quelle valeur avait Raymond? — La valeur aléatoire d'un trésor en léthargie sous le sol où l'on marche. Combien de mérites enterrés tout vivants dans la fosse commune de l'oubli! Raymond n'était peut-être qu'un homme ordinaire; avec le levier de son amour et mademoiselle de L'Étang pour point d'appui, il eût soulevé un monde. — La puissance d'une vie dévouée à une autre vie se décuple; c'est la récompense des abnégations. On voit alors se reproduire dans l'ordre moral le mécanisme de ces énormes moteurs d'acier, auxquels une main d'enfant donnerait leur surhumaine puissance.

Pour mademoiselle de L'Étang, il se sentait préparé à tout.

— Elle, présente, rendait invisible l'obstacle ; — comme ces aspects, qui, monstrueux dans les ténèbres, ne se retrouvent plus, le soleil levé. — Au lieu d'une existence, faite sans doute d'antipodes disparates, mais rentrant tous dans le même globe, il aurait traversé tout le système social. — Lancé dans chaque milieu, il serait arrivé à une généralité d'aptitudes. — grandi ou repetissé de la taille des circonstances, il eût dormi dans le lit de Procuste.

Il aurait fait descendre sa volonté, à ces choses purement lucratives, qui ne sont pas au-dessus de l'intelligence, mais qui sont au-dessous de la pensée. L'esprit a sa noblesse comme sa roture. — Il y a des mésalliances qui enrichiraient et qu'on repousse. — Le triomphe des médiocrités est de voir les supériorités échouer là où on ne réussit qu'après dix ans de la vie d'un écureuil. — Il y a des routines auxquelles ne suppléerait pas même la spontanéité du génie. — Mais à qui persuadera-t-on que M. de Châteaubriand ou M. de Lamartine, pour peu qu'ils y eussent tenu, ne se fussent pas fait annoncer avec déférence : *Maître Châteaubriand* ou *Maître Lamartine*. — Seulement il leur aurait fallu, absolument comme pour une tâche noble, consacrer leur vie entière à une grosse petite besogne, blafarde et uniforme.

L'eut-il fallu? Raymond s'enrôlait gravement parmi ces volontaires du bien-être, qu'on regarde avec reconnaissance, monopolisant hommes et choses pour leur félicité personnelle, comme si c'était un généreux spectacle, que la vue d'un homme faisant tout seul le meilleur dîner possible. — Égoïstes privilégiés, qui jouissent gloutonnement après qu'ils ont pâti, et à qui on décerne le nom d'*hommes utiles*, parce qu'ils ont rendu beaucoup de services, à eux-mêmes. La morale sociale forme des badauds, qui s'arrêtent devant un substantif sévèrement adjectivé. — Les actionnaires de Mercadet devaient l'appeler: *un homme utile. Hommes utiles!* Cette classe d'êtres essentiels fait penser à ces panthéistes douceâtres, qui démontrent que le caïman est un *animal utile*. Utile à qui ? — Au caïman !

Ouvrier du bonheur d'une femme aimée, le travail n'eût pas rebuté Raymond, l'obscurité ne l'eût pas humilié ; sa maison aurait ressemblé à une église perdue dans l'obscurité, et au dedans toute blanche de lumière pendant une messe de minuit.

Ces accidents d'une âme mal gouvernée, cessaient tout d'un coup : irrésolutions fatales, réactions qui appauvrissent, fatigues sans direction. — Il apercevait son existence non pas tracée, mais frayée. — Elle avait une raison morale. — Il ne courait plus le risque dans ces décompositions de l'amour-propre, qui dédorent la vie, à ces minutes qui tueraient comme une opération douloureuse, de se demander : Pourquoi suis-je ? — N'être rien, est un suicide moral. Puis, quelle force, sans cesse accrue, quand on peut suivre la pente sans cesse élargie de sa pensée ! renoncer à cet avenir creusé naturellement comme le lit d'un fleuve, c'était remonter le cours de la vie, et se noyer peut-être après avoir apparu trois fois. —Il pouvait ensuite diriger toutes ses forces sur un même point. — Dans l'ordre intellectuel, vivre au jour le jour c'est manger le capital de son cerveau. — Malheureux les pauvres d'esprit, pauvres pour s'être ruinés. — De quel monde sera leur royaume ?

Enfin, si c'eût été une dernière condition imposée par la petite oligarchie despote, dont il avait l'honneur de devenir le sujet, Raymond aurait renié sa nature, au son d'une voix adorée — Il opérait en lui-même le miracle de la transfusion du sang. — Il abdiquait en faveur de mademoiselle de L'Étang, accomplissant une de ces apostasies de personnalité que suscite la religion nouvelle de l'amour. — Il y a dans une comédie, un juge qui, lorsqu'on lui présente un dossier où ne figurent que des noms masculins, demande avant tout examen : « Où est la femme ? » — Parmi tant de versatilités, de luttes injustes, de faillites de conscience, avant de faire le procès aux probités intellectuelles, ne pourrait-on pas demander aussi : « Où est la femme ? » — Meneurs menés qui passent pour des affamés d'éclat et de pouvoir, et qui ne sont que des amoureux de quinzième année, revêtus de la peau d'un ambitieux. — L'être invisible, non plus leur femme, leur femelle, a quarante ans, les dents menaçantes, des petits, l'œil igné, le verbe absolu. Ils ne l'aiment plus, ils brûlent pour elle d'une passion qui est un caustique. — Les passions fermentées sont terribles. — Dans les substances citées pour leur innocuité, on finit par trouver de l'alcool.

Raymond d'ailleurs n'appartenait pas à cette école pleurarde de lyriques pour rire, qui feignent de croire que la vie se chante, comme si elle ne valait pas la peine d'être dite, et qui croient mystifier le sens commun, quand ils ont imprimé que l'amour suffit à l'amour. — Il comprenait l'idéal en homme pratique.

S'il n'y avait eu danger de mort que pour lui seul, Raymond se serait senti l'audace de ce suicide moral, qui fait quitter une vie toute faite, mais secondaire, avec une chance contre trois, de renaître, par soi-même à une vie toute à créer, mais supérieure. — Il aurait imité ces héros de la science, qui sont eux-mêmes la matière première d'une expérience pleine de menaces. — Avec cette splendeur morale, qui soutient, lorsqu'elles finissent, tant de grandes existences tombées dans la misère, Raymond pouvait bien commencer la vie, sans plus d'extravagance que ces grotesques de la bourgeoisie, qui après un dîner triomphal qui truffe les boiseries, se couronnent de roses en disant à leurs convives : *Et j'ai commencé avec dix francs !*

Dans les premières impatiences de l'attente, quand Raymond s'irritait de ces courbes insinuantes qui ramènent au point

de départ, cette idée directe s'était souvent présentée à lui :
— Tenir mademoiselle de L'Étang d'elle seule. — Après tout si elle l'aimait ? — Si elle comprenait l'inutilité d'attendre qu'on laissât se combler ce ruisseau artificiel qui les séparait?
— Chez certaines femmes, le mot aimer a un sens unilatéral; elles n'aimeraient pas autrement leur oncle que leur mari; seulement le mari exerce sur sa femme des servitudes qui résultent de l'emphytéose du mariage. — Chez mademoiselle de L'Étang, cette vulgarité d'âme n'était pas supposable. — Elle devait avoir la virtualité de l'amour. — Sans doute l'amour peut vivre en bonne intelligence avec les autres sentiments; c'est l'aigle se faisant pédestre pour ne pas quitter son aire; mais si on veut le saisir, qui, entre le sol et lui, met une immensité. — Les affections chez une fille, c'est la passivité du cœur ; l'amour c'est la vivification personnelle, l'esprit sans lequel la jeunesse est une lettre morte. Mademoiselle de L'Étang aurait pu, en retournant contre ses parents l'arme de leur tendresse, en tenant tête, en désespérant, en ajournant d'ailleurs sa volonté au jour prochain où elle serait maîtresse d'elle-même, forcer pour Raymond les portes de la Louvière; ce n'eût pas été une entrée dans une famille, c'eût été un internement. — Cette violence mal couverte, prêtant aux vengeances tacites, entachant la légitimité du bonheur, eût répugné à tous deux.

Il valait mieux pour mademoiselle de L'Étang et Raymond, se précipiter hors de ce milieu impossible, retrouver l'indépendance sans guerre de famille ; orphelins par les convenances sociales, recommencer la vie à partir d'eux-mêmes, et se faire pardonner plus tard, à force de renoncement, de vérité, de religion dans l'amour.

Cet emportement de l'adolescence devait revenir à l'esprit de Raymond à l'état de marche possible à suivre et discutable. A l'âge où l'on ne voit la vie qu'à travers un verre bleu, violet ou pourpre, il y a des résolutions auxquelles on trouve une couleur chimérique ; quand on arrive à voir la vie à l'œil nu, ces mêmes résolutions n'ont plus qu'une teinte vraisemblable. Plus Raymond se mêlait à la vie ordinaire, plus il passait pour un esprit pratique, régulier, positif : plus il se sentait le droit de penser que cet acte fou en apparence ne cachait qu'un bon sens plus élevé. — On eut peut-être dit alors de lui — *Il vit dans les nuages.* C'était vivre comme ces hautes montagnes qui ont la tête au ciel et les pieds au sol.

Pour Raymond, mademoiselle de L'Étang était si visiblement la vie. — Il y allait de son bonheur d'une façon si imminente ! — Il était si sûr, qu'au delà de ce monde connu, il y avait une terre promise. Qu'importaient les douteurs, les malveillants, les envieux. — Raymond retrouverait-il jamais une femme éprouvée par six années d'analyse ; quelle passion impétueuse vaudrait cet amour certain de sa durée ? — Il aurait du reste devancé les allégations suspectes de ces servilités qui ne sauraient comment s'y prendre pour violer les commandements de leur petite église, — gens de loi sociale, qui savent à fond la procédure malhonnête de l'honnêteté. — La malveillance n'aurait pas eu le temps de faire servir mademoiselle de L'Étang à quelque texte brillant de plaisanteries abjectes.

Raymond passait souvent une heure d'une inanité délicieuse, à combiner les hasards, à poursuivre les conséquences de ce coup de main inespéré. — Puis, peu à peu isolé par son idée, comme par un récit qui accapare, il avait presque l'enivrement de la réalité.

A force de foi en elle, de puissance, d'amour, de domination de l'avenir, il entraînait mademoiselle de L'Étang. En face d'un homme qu'elle peut aimer, il y a quelque orgueil pour une femme à sentir sa propre force, par la force qu'elle communique à une autre existence, — à voir une âme capable d'essor, pour laquelle elle est le point d'arrêt définitif. — Comme un voyageur de demain, auquel les splendeurs du monde sont promises et qui à cent pas de chez lui, trouve un endroit qu'il ne veut plus quitter.

Une nuit tiède, sombre, lente à finir, les favorisait; une de ces nuits de novembre où, dans la nature brisée, tout n'est que douceur. Vers minuit, quand les rectangles obliques de lumière tracés sur le sol, par la réverbération des fenêtres du château, s'évanouissaient tout d'un coup, les portes, vigoureusement fermées, s'ouvraient avec cette lenteur inouïe qui fractionne le bruit à l'infini. Au delà du parc elle rejoignait Raymond; — une voiture les emmenait. — Les ténèbres en cachant l'un à l'autre le secret de leurs physionomies, servaient cette pudeur morale que fait naître la trop grande nudité de l'âme. — Puis, ils arrivaient à quelque chemin de fer. — Elle ne pleurait pas, en vraie fille de race, qui se sent adorée et respectée; elle avait seulement un peu de feu dans les yeux, et plus de pâleur qu'à l'ordinaire; non pas la surexcitation d'une révolte vulgaire, mais l'émotion noble qui traverse les plus hardis. — Raymond la remerciait avec cette reconnaissance qui prévient le remords. Elle lui avait sauvé la vie. — Comme après une amputation douloureuse, il rattachait, avec une dextérité patiente, toutes les fibres rompues. Pendant que la maison dormait encore, une sorte de recours était ouvert à mademoiselle de L'Etang; elle pouvait encore revenir; le lendemain pouvait avoir la mansuétude de la veille, — cette lettre d'explication laissée dans sa chambre, elle arriverait encore à temps pour la déchirer; — il lui tardait d'être emportée au bout de sa hardiesse, puis à l'heure où l'on devait s'inquiéter, où la lettre était lue, leur sort se trouvait changé de face, avec la transposition de la frontière — Voilà la ville étrangère où tout est nouveau comme la situation, où l'on se promène à découvert, où l'on vous choie du regard, où l'on sourt à votre bonheur légitime — forfait en deçà du Rhin, action toute simple au delà. — Voilà l'hôtellerie, claire et tolérante, où le soir, un chaste serrement de main les séparait. — Elle était là, comme dans sa maison, sans un soupçon sur Raymond, sans crainte ; et lui, sentiment réparateur, montrait plus de réserve qu'auparavant, ayant l'occasion de plus oser. — Il se défiait de ce zèle égoïste qui déflore les plus belles choses. — Il ne voulait pas de ces bonheurs à demi souillés que rien ne purifie. — Il mettait bien la légalité au-dessous de lui, mais non pas le droit. — Quelques jours après ils étaient mariés. — Ce long supplice finissait, — le passé devenait irrévocable. — Il avait tout risqué, sans calcul, sans l'arrière pensée de recourir à la moralité immorale du mariage forcé, — prêt à se soumettre, s'il ne fallait pas s'avilir ; — préférant peut-être ne devoir qu'à lui-même son bonheur.

Un de ces jours-là, — dans une petite chambre de la Louvière, — les yeux de Raymond rencontrèrent, appendue à la muraille, une lithographie foudroyante : — on y remarquait une lanterne sourde, un carrosse, une femme voilée, un manteau d'homme, le tableau d'un *enlèvement*. Un enlèvement ! un tact fin inspira à Raymond une aversion subite pour ce procédé de roman sentimental. La caricature naïve de son idée le narguait platement. Rien n'embourbe comme l'idéal manqué; la poésie à faux, c'est une main débile qui n'enlève que pour terrer plus fortement en aggravant la chute. — Mademoiselle de L'Etang, avec un instinct analogue de délicatesse exquise, lui représentait son devoir de fille, si pieux, si haut, si ferme que le refus venait de lui. — Elle s'adressait à ce qu'il y a de plus intact, de plus désintéressé dans le cœur ; à force d'amour il arrivait à l'abnégation. Il y a bien des natures de sang, satisfaisant comme des bêtes fauves leurs appétits, et chez lesquelles un peu de passion fait naître des dévouements absolus. — Seulement ici le sacrifice était noble.

Enfin, il jetait un regard lucide à travers le temps. — Il ne voulait pas, pour quelques moments de bonheur, gaspiller la vie de mademoiselle de L'Etang, comme pour une année d'éclat on se ruine. — Il savait combien cette largeur de vie qu'elle ne mesurait pas importait à sa liberté. — Peut-être l'habitude de son passé était difficile à rompre. Un bien-être inné, insinuant, ne discutant pas avec le caprice, avait peut-être amolli sa force. — Elle aurait lutté sans rien dire, mais en souffrant. Pour mademoiselle de L'Etang, après tout, le bonheur pouvait prendre mille formes; lui, que perdait-il?

Il avait horreur pour elle de la vie au dehors, voyante, harmonieuse, enviée, et à l'extérieur, terne, discordante, méprisée; froissement des instincts élevés par les nécessités basses, — non plus la bataille, mais la querelle de la vie, où les jours ne sont plus marqués d'événements terribles ou charmants, mais traqués par des petits faits, aigres, criards et importuns, — représentation morfondante et burlesque, où l'on figure ce prince de contes de fées qui donnait audience avec un justaucorps en velours du côté de l'assistance, et en toile du côté du mur. — Raymond savait ce qui vicie et ce qui conserve l'amour. Il avait lu dans le supplément du livre de la vérité, que le nécessaire d'une femme, c'est le superflu; un homme est un être d'utilité, une femme est de plus un être de luxe. Il comprenait l'odieux attouchement de la même robe pour plusieurs bals, la grimace des économies mesquines, cette rage d'une femme à pied, qu'une voiture éclabousse, le dîner rapiécé et triste, l'intérieur qui, ridicule, ridiculise la toilette de tous les jours, uniforme de la gêne. — Toutes les occasions où une femme se déploie, manquées; larmes d'envie, qui, dévorées, finissent par donner au caractère leur amertume.

IX

D'un autre côté, Raymond ne pouvait attendre que sa fortune fût faite pour songer à mademoiselle de L'Etang, il était venu trop tard pour une des gourmandises du bonheur : être amoureux à vingt ans d'une fille encore enfant, placer ses espérances sur cette beauté future, dont on surveille le progrès, se préparer pendant ce temps, et arriver avec toutes les mesures prises pour qu'elle ne leur échappe pas, — félicité sournoise d'horticulteur qui visite une plante merveilleuse, en attendant la floraison. —

Dans sa situation, Raymond aurait fait le calcul absurde de ces mathématiciens de l'industrie qui passent les années où la vie serait pour rien leur maitresse, à préparer le temps où ils seront ses amants malgré elle et à prix d'argent, et pour qui le jour de la retraite, est la veille des infirmités ou de l'enterrement. Il lui aurait fallu dix ans, pour arriver au but qu'il s'était fixé. — Pendant ces dix ans, mademoiselle de l'Etang se fut contentée d'une aisance habile, élégante, et chaque jour moins loin du luxe. — Il faut savoir avec une pile d'or esquiver mille privations, comme ce prestidigitateur qui ne recevait pas une goutte de pluie, en faisant tournoyer son épée. — Puis, la jeunesse a tant de bonheurs gratuits ; l'amour n'eut souffert qu'après, quand il a besoin de refuge, de réfection, pendant les froids, d'une vie de serre chaude, — et lorsqu'il tombe d'un terrain qui amortisse sa chute ou le fasse rebondir.

Mais il ne pouvait la retrouver à trente ans que comme une amie. — Cercle vicieux d'ailleurs, car de mademoiselle de L'Etang, venait toute la force de Raymond ; il était le foyer, mais elle était le feu.—Ensuite, on croit peut-être qu'il y aura une volupté sans limites, à étreindre le but après une attente sans limites. — Le plus impérieux désir, après une tension trop prolongée du cerveau, finit par s'oblitérer, ou bien s'engloutit dans une de ces satisfactions morbides qui laissent un âcre dégoût. — Ce temps perdu si stérilement pour tout le monde, devient un sujet de récriminations ; on ne peut pas se faire à l'idée d'une perte pareille. — Qui a possédé votre femme ? — Le néant ! — Vous avez le reste du néant. — On ne reprocherait pas à une veuve la période d'occupation du premier mari. — Puis, par quoi connaît-on sa femme? par ce qui n'est plus ; — c'est un rebut de beauté et de jeunesse, avec un rêve qui l'a laissé primeur. — Si l'amour datait d'aujourd'hui, on n'aimerait plus.

Enfin, on aime une femme de trente ans et même d'une passion plus cuisante; on ne l'épouserait plus. — Une femme de trente ans, comme un commencement d'arrière-saison, n'a plus des journées, elle a des heures de soleil ; sa beauté devient une comédie ; la mise en scène exige des répétitions. —Elle fait souvent relâche ;—les soirs où l'on dit, par exemple : Madame n'y est pas. — Il y a dans sa figure, quelque chose qui dénote le remaniement, la recomposition, la vigilance ; à force d'art on revient à la nature. — La spontanéité de la beauté n'existe plus — il faut les vingt ans, pour braver l'évidence continue, les flagrants délits de la confrontation perpétuelle, la vie sans théâtre. — Quand la beauté, qu'attend l'exécution fatale, entre dans ses mois de sursis, quand une femme chaque matin peut lire dans la glace son arrêt de mort, la sécurité de l'amour n'existe plus. —

Cependant les années oubliées, comme une somme à long terme, et à délais renouvelables, commençaient à ne plus pouvoir reculer l'échéance. — Quand on marche en avant du temps, on oublie qu'il vous suit. — Raymond remettait sans cesse au lendemain la solution de cette question d'avenir. — Il y a des choses qui se font d'elles-mêmes. — On a semé la cause, on récolte l'effet ; anticiper sur le hasard, ce serait manger son bonheur en herbe. — Il semble que, par la logique des faits, les pas de loup des circonstances, la fin qu'on se propose sera la fin naturelle. — En restant dans l'immobilité, Raymond croyait marcher comme s'il eût été dans une nacelle d'aérostat. — Mais déjà, des rumeurs de mariage, rumeurs qui se répétaient en grossissant, comme un motif que redisent en se fondant successivement les instruments d'un orchestre, — arrivaient jusqu'à Raymond, et le remplissaient d'inquiétude. — Puis tout rentrait un instant dans le silence. — Mademoiselle de L'Étang était trop jeune. — Le prétendant n'était pas assez riche. — Le nom mis en avant ne s'entendait pas d'assez loin. — Elle-même ne savait rien de ce qui se passait à son sujet. — De petites noirceurs faisaient d'ailleurs cruellement souffrir Raymond. — Il allait souvent chez une femme qui se disait son amie ; — il l'avait prise pour confidente, se faisant illusion sur la sympathie, rare chez une femme de quarante ans, pour un homme qui aime une femme de dix-neuf. — C'était une femme fausse, rieuse, flatteuse, la voix tendre, et le cœur sec, avec une bonhomie toute ronde, — ronde comme une pilule de poison. Cette femme, qui avait suivi comme un médecin les progrès de la passion organique de Raymond, qui savait qu'une seule chose le sauverait : respirer le même air que mademoiselle de L'Étang, — avait officiellement proposé un parti. — Peut-être se vengeait-elle de l'ingénuité de Raymond, qui lorsqu'elle s'appelait : *vieille femme*, l'avait prise au mot.

D'autres, forcément prévenus par Raymond à qui ils auraient nui, — des gens de province, qui par désœuvrement grillent de travailler au bonheur des autres, avaient grand'peine à rester oisifs. Dans les petites villes, les plus égoïstes s'occupent avec une abnégation surprenante du placement d'une fille de leur monde. — La classification est d'abord une des manies de la province ; — ensuite, c'est envie de savoir à quoi s'en tenir sur un bonheur. — Puis ce sont des élections féminines ; chaque coterie a son candidat. — Enfin, dans le culte de la pièce de cinq francs, la conjonction de deux dots est une fête. — A un chiffre donné, on s'incline, les valeurs sonnent à grande volée ; la procession des qualités sort de toutes les bouches ; les visages pavoisent.

Raymond comptait donc maintenant les jours ; — il ne croyait pas que, par une loi psychologique, mademoiselle de L'Étang ne pût appartenir qu'à lui. — Il ne s'imaginait pas qu'ils fussent commandés l'un pour l'autre ; — seulement il ne pouvait pas s'empêcher de se savoir digne d'elle, par le rang, par le sang, par la supériorité de l'amour.—Certains épouvantails civils sont disposés sur les choses les plus simples, comme un mannequin sur un cerisier, et les gens à qui le fruit importe ont le regard de l'oiseau. — Mais les intermédiaires sociaux, les gens qui voient non la vraisemblance mais le vrai, qui jugent avec hardiesse, lui disaient souvent : Pourquoi n'épousez-vous pas mademoiselle de L'Etang? — Dans quelles mains si délicates allait-elle donc tomber ; — elle était sans doute l'ambition de la maison; mais qui pourrait plus que lui, lui être dévoué? Raymond cherchait par mille rapprochements, à se concilier la famille. — Le plus difficile, comme pour une pièce hardie sur un théâtre, n'est pas de faire une passion, c'est de la faire accepter.—Pour l'amour de mademoiselle de L'Etang, il en était venu à aimer la famille. — Quand il s'adressait à eux, il y avait dans ses yeux un reflet, dans sa voix un écho de son amour. — Ils venaient d'être parfumés d'une caresse d'elle. — Il les respectait, comme on respecte une chose tout à l'heure indifférente, et qu'une goutte d'eau bénite a sanctifiée. — La famille de L'Etang, toutes rouillées que fussent ses armes, était rigide sur la question de nom.— Elle était de noblesse trop ordinaire pour oser le dire tout haut, mais elle le pensait tout bas. La vanité ne tombe pas en désuétude. — A force de concessions, d'élasticité, d'empiétement légitime, il cherchait à opérer ce raccordement presque insignifiant. — Il y a dans certaines classes un ensemble d'idées de race qui, lorsqu'on ne les épouse pas, produisent même pour un des leurs, l'effet d'une mésalliance. — En prenant le ton, les préventions, la manière de juger, — il était déjà le gendre de leur esprit.— Il voulait se les attacher par tant de fils invisibles, qu'au jour où il leur eût proposé un lien manifeste, ils n'eussent plus la force de rompre ; — il lui semblait qu'à la longue, ces réceptions payées de sa personne, ces développements d'intimité, ces effusions, ce souci des mêmes choses, cette nécessité de se voir, ouvertures qui donnent accès dans la vie réciproque, finiraient par amener une communauté sans restriction. Il se pliait presque au rôle de fils.

Il écoutait les reproches ; il multipliait les prévenances. — Après qu'il aurait tout donné, il lui semblait qu'on ne pourrait jamais refuser, en exigeant d'une amitié reconnaissante, la légitimation de son amour. — La famille de Raymond, par répugnance d'un refus, ne voulait faire aucune tentative. — Tout dépendait donc de lui-même. — C'est pour cela qu'il louvoyait, qu'il temporisait, déjà utile voulant être indispensable. — obscur serviteur, pouvant devenir favori. — Louis XIV épousa bien madame de Maintenon ! — mais la plus méchante noblesse ne s'allierait pas avec la meilleure bourgeoisie. — Quel roturier entier n'a pas anobli un roi de France ! — Un quart de patricien voudrait-il jamais anoblir un quart de roturier !

Enfin, l'amour de Raymond devenait une chose sérieuse ; il pouvait en parler virilement, et sa propre famille irait jusqu'à une rupture, s'il le fallait. Puis, après quelques bonnes semaines, un mot dur, léger, l'avertissait de l'inutilité de ses efforts, et il retombait dans son découragement.

Pourtant, se disait-il, un de ces jours où l'on ne se juge plus, où l'on se compare — où l'on se redresse de la taille qui fait défaut aux autres — Gulliver à Lilliput, — qui sait si l'accueil que ma demande trouverait à la Louvière est l'accueil que je prévois. — Il écrivit avec feu, une lettre froide, — comme un fer chauffé à blanc cause une sensation de fraîcheur. Il proposait, dans leur langage, aux parents de mademoiselle de L'Etang, un traité d'alliance, avec tous les avantages de leur côté. — Il eût le bon goût de jeter la lettre au feu. — Ce qui l'y décida, ce fut la persuasion que mademoiselle de L'Etang ignorerait tout encore. — Elle était, dans un sens charmant, le type analogue de ces dupes, qui ne savent même pas le secret de leur infortune, — secret de polichinelle !

Une autre fois, il avait résolu de s'adresser à elle-même ; il aurait profité d'une absence de la famille qui la laissait seule une journée à la maison. Au moins il était sûr que la lettre ne serait pas interceptée. — C'était, non pas un salut, mais un énorme soulagement. Que serait-il arrivé, le médecin sachant à temps la maladie? —Puis, il réfléchissait qu'il n'avait pas le droit d'écrire directement à mademoiselle de L'Etang. C'était là l'autre côté de son supplice — aimer sans avoir le mérite d'aimer — rester à côté d'une femme dans ce malentendu sans fin. — S'il y a une jouissance cruelle à vivre près d'un homme sans qu'il vous sache son ennemi, — quelle plus cruelle torture que de vivre près d'une femme qui ne sait pas que vous l'aimez ! — Ne pouvoir révéler le secret de sa propre confession, être le masque de fer de l'amour,— mourant sans être connu.

Ce jour-là, Raymond lisait étendu sur une couche de ces aiguilles sèches, jaunes et odoriférantes, qui en septembre tombent par milliers des sapins. Par une transition insaisissable entre sa propre idée et l'idée du livre,— il en était venu à se recueillir. Un vent fantasque, changeant à tout moment de parfum, tournait et détournait les pages.—Un souffle intérieur faisait de même osciller sa pensée. Il regardait avec une fixité machinale le ciel gonflé de nuées, blanchir et bleuir — des rayons de soleil s'avançaient et reculaient sous les arbres, et s'empourpraient en se renversant comme des visages de danseuses ; la nature était si prodigue, si dans son jour, si pleine de pollicitations, que par un effet de chambre noire qui se produit dans l'âme — Raymond en était venu à croire l'avenir couleur de ce qui l'environnait. Pourquoi, avec cet aspect charmant, la vie serait-elle mauvaise ? — Une voix bien connue le précipita dans la réalité — comme on tombe de son lit dans un rêve où l'on croit faire une ascension. — Une femme de cinquante ans était devant lui, les lunettes à demi-baissées, un *faire part* dans les mains.

— Eh bien! la petite de L'Etang se marie!

Cet — eh bien! était tout un discours;—l'intonation gouailleuse révélait le triomphe d'une prophétie réalisée.

Tout cet azur, toutes ces blancheurs, ces verts balancements d'arbres, ces caresses de soleil qui faisaient la saveur de sa pensée comme elles font la saveur d'un fruit, firent sur Raymond un effet plein d'horreur. — Sa vie était brisée; il se traina dans sa chambre. Le lendemain il partait pour Paris.

X

Raymond ne revit mademoiselle de L'Étang que cinq années plus tard. — Pour Raymond la vie de Paris, ce fougueux engrenage, qui, lorsqu'on en passe trop près, prend une période de temps flottante et dévore une moitié de jeunesse, — comme un *arbre tournant* emporte dans son tourbillon une moitié de corps fatalement engagée par un pan de manteau, — du côté de mademoiselle de L'Étang, des malheurs de famille qui semblaient se relever pour intercepter entre le monde et elle, toute communication — les avaient violemment retenus loin l'un de l'autre. — Autrefois, elle faisait quelques pèlerinages à Paris. — C'était alors pour Raymond le choc en retour d'une joie qui ne l'atteignait plus directement. Puis, quelle plus orgueilleuse consécration de l'amour, qu'un bonheur de province, qui, à Paris, parmi les félicités à outrance, reste encore la chose la plus heureuse. — Mademoiselle de L'Étang et tous ces visages de femme, que la vogue répand comme des effigies, — pouvaient se regarder sans baisser les yeux. Ce n'était donc pas une réputation de clocher. Les supériorités vraies renvoient boiteux, d'un coup de fouet, ces vieux petits bons mots galeux, roquets de la drôlerie, qui courent après la province dès qu'ils la voient arriver. — Elles ne souffrent pas cet abus qui consiste à accorder *indulgence plénière* pour l'ineptie à quiconque est né rue Coquenard ou rue Copeau, et à lancer l'excommunication sur tous ceux qui naissent hors du mur d'enceinte. — D'un coup d'œil, mademoiselle de L'Étang se faisait sa place. — Raymond aimait à traverser la rue où elle logeait d'habitude ; — elle n'avait pas cette physionomie glacée des maisons qui ne vous seront jamais de rien.

Raymond n'avait pas oublié mademoiselle de L'Étang ; — une sorte d'inertie morale était venue engourdir à la longue une souffrance vivace. Il avait abandonné son amour comme un musicien délaisse un instrument adoré. Ce labeur de fourmi de la désuétude, d'un secouement énergique, devait brusquement cesser. Par un miracle que Raymond était presque forcé de croire opéré en sa faveur, le mariage, confirmé par toutes les juridictions de l'opinion, et après d'énormes lenteurs, devenu irrévocable, avait été cassé tout d'un coup ; pourtant c'était une de ces bonnes fortunes d'alliance, qui rendent ridicule une pensée de rivalité ; le nom était répété par huit siècles, comme dans une succession de montagnes, un coup de fusil par huit échos ; la fortune aurait fait une pluie d'or pendant quarante jours et quarante nuits. — Le bonheur de la famille de L'Étang avait fini là. — Raymond ne pouvait donc se défendre d'un reste d'espérance.

La famille de L'Étang se trouvait alors appelée pendant quelque temps pour règlement d'intérêts dans une petite ville. — Raymond arriva rapidement au bas de la rue qu'habitait mademoiselle de L'Étang, puis il la remonta lentement; rue de province, grise, abandonnée, à laquelle le zig-zag du ruisseau et quelques allées et venues d'oiseaux donnent un peu de vie. Quand Raymond sonna, la vibration du cuivre retentit en lui-même; — par un double mouvement d'une seconde, il eut à la fois peur et désir de ne plus trouver mademoiselle de L'Étang jolie. — Paris, plus ouvert, l'avait gâté en admiration; — puis de vingt à vingt-cinq ans, surtout pour une femme, deux années comptant simple ou une année compte double; — c'est alors qu'elles gagnent ou perdent sur l'avenir. Peut-être allait-il se dire, avec cette honte d'enfant d'une action faussement virile : — *Comment ! j'ai pu l'aimer ?* — *J'ai joué à l'amour.*

Il se précipita dans l'escalier, avec cet aveuglement que cause un danger à bout portant. — La porte du salon s'ouvrit. — Il osa à peine regarder. La première sensation fut douloureuse; dans ces vingt-cinq ans, il y avait déjà quelque chose de la vieille fille; la grâce était raidie, les petits sourires n'allaient plus aux lèvres; le visage se pénétrait de ce ton rougeâtre qui est le coucher de soleil de la beauté, comme l'incarnat en est l'aurore. — La personne de mademoiselle de L'Étang, faisait souffrir, par quelque chose de froidi, de comprimé, d'allangui, avec un parfum disparu, comme une rose blanche, que la dernière nuit d'avant la gelée laisse en bouton.

Cependant à mesure que Raymond la regardait mieux, il comprenait de nouveau pourquoi ce visage de femme lui avait été si cher; il jugeait mademoiselle de L'Étang comme on juge une page de soi longtemps après l'avoir écrite, et il retrouvait l'inspiration de son amour. — Il y a en nous un être intérieur qui tombe à mesure comme une chair morte. — Il avait eu dans la nuit de la jeunesse un de ces éclairs de bon sens qui sont la couleur du jour futur.

Petit à petit les yeux de mademoiselle de L'Étang corrigeaient sa physionomie ; un rien, une surprise de présence les avait ranimés ; le soir elle portait une robe charmante, où sa taille, restée svelte sans effort, s'effilait. — Elle était de ces femmes dont la beauté se développe lentement, elles ont la durée ; d'autres arrivent de suite à l'éclat et se flétrissent. —Les fleurs ordinaires n'ont besoin que d'une nuit pour naître et que d'un jour pour mourir. — Il faut aux fleurs rares quelquefois deux étés pour fleurir, mais elles vivent toute une saison.

L'impression du matin s'effaçait dans la caresse du soir. — Un visage qu'on revoit ressemble à une maison où l'on rentre ; tous les objets paraissent d'abord hors de vous-même, puis ils finissent par rentrer en vous. Il ne pouvait se lasser, jamais avec assez de sécurité pour juger tout à fait, de la regarder à la dérobée. Il cherchait à rapprendre le son de cette voix, à ressaisir le point de ce regard, et à mesure qu'il resubissait le charme ancien, il se sentait une joie qui couvrait toutes les peines. — A son entrée, par un geste qu'il attendait, elle lui avait tendu une de ses mains gantée de noir. — *Soyons amants*, disait peut-être ce premier mouvement. Le gant seul avait empêché Raymond de baiser cette petite main dont le toucher était oublié pour lui.

Les relations défaites entre les deux familles se renouèrent. Après quelques rencontres trop brèves, après lesquelles, mademoiselle de L'Etang était rentrée dans l'âme de Raymond, comme un roi dans ses Etats après un interrègne, — comptant les années d'absence dans la totalité de son amour, — il eut enfin l'occasion de vivre un mois près d'elle. — Jamais il ne l'avait vue si longtemps de suite. Cette fois, elle était chez lui. — A la Louvière, Raymond en était réduit à sa chambre et à l'indivis du salon. Ici, la maison, le jardin se rendaient complices de son amour. Il avait le droit d'être partout et de n'être nulle part. — Il pouvait, sans peur d'être surpris, se glisser dans la chambre vide de mademoiselle de L'Étang et s'imprégner du parfum qu'elle y laissait. Il attendait tout, de mille riens propices : le voisinage porte à porte, les rencontres dans l'escalier, les promenades, où la discipline se relâche, les fenêtres ouvertes en même temps, — avant qu'on n'allumât les lampes, quelques instants avant le dîner, cette demi-obscurité qui enhardit ; — le bras deux fois donné, et de soir en soir gagnant en pression amoureuse ; un bouquet qu'on voit faire et auquel on collabore, — le négligé de la vie, — mille jours où l'amour peut se produire, familiarité des choses qui prépare la familiarité des personnes.

Raymond avait compté sur cet enchantement qui seul console de ces absences démesurées, — lacune de la vie ; tant d'années perdues l'un pour l'autre, mais tant de progrès ! — pour savoir mieux la vie chacun de son côté, au premier jour on se retrouve cent fois plus intime. — Le temps de la séparation a créé tout un monde nouveau pour l'affection. On a quitté sa ville d'adoption encore médiocre, obscure, à peine plantée, on retrouve une ville immense, splendide, magnifiquement poussée. — Puis, quelle impatience de curiosité ! — dans une âme depuis longtemps quittée, que de choses neuves, que de science acquise, que de révélations, que d'accroissements ! — Ce qui reste de l'enfance chez une femme, c'est un quartier de roc qu'il faut faire sauter pour terminer une route ; le cerveau est plein de poudre, les années sont une longue mèche qui brûle longtemps ; peut-être l'explosion avait-elle eu lieu. Il comptait la retrouver, forme immuable et fonds renouvelé, comme le corps, molécule par molécule, se renouvelle en un temps donné. — Elle devait avoir sa personnalité, ses idées à elle, une liberté de jugement, devenue son droit.

Quand Raymond l'avait quittée, l'ignorance chez elle était encore une grâce; il y a dans l'adolescence des filles une période angélique, où la virginité d'intelligence repose de tous les raffinements du savoir. Cette primeur de jeunesse leur tient lieu de tout. — Mademoiselle de l'Etang ne lisait pas, mais le temps était proche où un besoin de mettre son âme au niveau de toutes les hauteurs, de prendre sa part d'un trésor de pensées, d'apprendre le monde par comparaison, — la conduirait à ouvrir un livre. La musique lui laissait encore des impressions d'enfant; elle allait, par un chaste instinct, y chercher un remède à ses souffrances morales, qui sont la mélodie de la douleur. — Sa vivacité devait être devenue de l'esprit, sa malice de la finesse, — la lame devait avoir le fil. — L'affection non déclarée de son âme, de l'amour, — cette absence du convenu, une originalité réelle, son enveloppe charmante, une solidité de beauté. Sa nature devait s'être définie; ce qui fait qu'une femme, parmi vingt autres, est seule regardée, elle allait l'avoir.

A mesure que cessait cette surprise du premier moment qui tromperait mille fois, — et voilà pourquoi tant de gens habiles meurent sans avoir été connus, — une révélation, douloureuse, persistante, comme un soupçon qu'on repousse, se fit en Raymond. — Il étudiait, malgré lui-même, mademoiselle de L'Etang, et ces mille jours qui devaient mettre en lumière une parure de diamants, un à un éclaireraient des pierres fausses. L'éclat de cette figure, lumineuse encore, s'amortissait déjà dans ce crépuscule intellectuel, où l'on ne distingue plus la beauté. Le rayon du regard se raccourcissait, il semblait qu'on vît mademoiselle de L'Etang perpétuellement à contre jour; — la tyrannie du sang, l'instinct de race, la vigilance tenace de l'entourage avaient fait rétrograder cette nature qui semblait ne tenir que d'elle-même;

chose explicable par là, elle commençait à gagner une ressemblance avec les siens. Cette indépendance tourmentée d'autrefois avait fait place à une plate sujétion d'idées : ce qui restait de cette émancipation généreuse était une petite opposition brouillonne et têtue à des riens, — non pas la contradiction de l'âme. — Cette bouche délicate et fraîche se salissait à la gamelle de la banalité.

Les livres n'existaient pas pour elle; toute une perspective sur Dieu, sur l'âme, sur la pensée; ses yeux n'avaient pas de vue. — Tout au plus, parcourait-elle un de ces articles copieux en détails sur les bouillonnés nouveaux, et les mérites d'Alexandrine, commençant ainsi : *Chère Madame,* et rédigés par un garçon de bureau qui signe d'un nom de comtesse supposée.

Le sentiment de la nature lui échappait. Pour la vision de la chèvre, l'ouïe de la chèvre, l'odorat de la chèvre, qu'est-ce que le ciel, l'horizon renouvelé comme un désir, les caresses du feuillage, le frôlement ambré du vent, la douceur des fleurs, les mélancolies sereines des chants d'oiseaux, la lumière et l'ombre qui se disputent la place, comme dans le cerveau la clarté et le doute, toute cette poésie simple et grande qui assainit l'âme. — La vue des Alpes, cuirassées de neige dans toute leur longueur, n'eût pas inspiré à mademoiselle de l'Étang cette réflexion d'un honorable négociant d'une ville industrielle : *On dirait cinquante lieues de jaconas!* mais elle aurait dit avec une petite moue admirative : *On pourrait faire de ça une jolie aquarelle.*

Ses chefs-d'œuvre d'aiguille d'autrefois, accompagnement de causerie, étaient devenus le vrai motif; — quelques paroles distraites formaient maintenant l'accompagnement. — Elle brodait autant qu'une brodeuse, et montrait à la ronde son ouvrage. — Elle aurait entrepris un de ces labeurs immenses, d'une inutilité ruineuse, — et destiné à combler un vide de cerveau effrayant, — un tapis pour l'escalier d'une amie millionnaire. — Toile de Pénélope de la pauvreté d'esprit qui ne veut pas être prise en défaut ; jamais on ne l'aurait surprise à demi-couchée dans un fauteuil, traversant mille idées qui se commandent, confessions intimes où l'on s'humilie, où l'on s'absout, où l'on se fortifie. Il lui fallait toujours l'action nette, positive, voyante. — Il y a des gens qui n'ont conscience d'eux-mêmes, que lorsqu'ils font l'ouvrage de leurs domestiques. — Elle ne devait rêver qu'en dormant, et rêver que son dé était perdu. — La musique l'agaçait et elle se vantait presque de cette propriété de nerfs auditifs, qui rapproche un être humain du chien de chasse. Rien n'avait prise sur cette nullité bien polie, ni les choses de l'art ni les choses de l'esprit. — Son cerveau était un *jeu de patience* de haines mesquines et de préjugés fragiles ; toutes les pièces rentrées les unes dans les autres figuraient un dessin absurde. — Le mot le plus fin, la toile la plus vivante, la pensée la plus neuve, — n'auraient pas donné une étincelle à son regard. — Mais quand elle parlait des difficultés du jeu de *vingt et un*, ses yeux jetaient feu et flammes. — Il n'y avait pas dans cette tête bien rangée, un coin pour un enthousiasme. Elle parlait le patois moral de son petit monde, exprimant les mêmes idées, ornant le même style des mêmes images, sortes de fleurs en papier à qui le crâne sert de globe. — Elle ne quittait pas les jupes de sa mère et de sa tante ; timidité de très-jeune fille devenue niaiserie ; — que de fois elle s'était moquée des femmes qui ont peur d'être seules la nuit ; elle, elle tremblait de rester seule dix minutes en plein jour. Elle suivait la piste perdue, avec des cris plaintifs et l'effarement d'un king-Charles égaré, — elle qui aurait pu depuis longtemps être mariée, et voir déjà à sa seconde édition un volume de *Contes à sa fille !* — Une fille de vingt-cinq ans qui n'oserait pas recevoir seule dans un salon, —

Quelle est donc chez une femme la loi de décence? — La conscience parfaite de sa dignité? — Non, le préservatif de tout contact masculin. — A table, on commençait à trouver *inconvenant* qu'elle fût placée à côté de Raymond. Certains parents ont l'air de nourrir cette opinion flatteuse sur le compte de leur fille — que si un homme restait seul cinq minutes avec elle, elle serait perdue. De là ces défaites fictives si aisées. — Un homme seul devant elle devient pour une jeune fille un cas de vertige, — elle tombe pour tout de bon dans un faux abîme.

Souvent Raymond amenait la conversation sur ces sujets généraux, semblables à ces thèmes de musique, où les auditeurs ne perçoivent que des notes détachées, et où les exécutants ont seuls le secret de l'idée. — Ce chœur d'indifférents cachait un duo d'intéressés. — En semblant parler pour tout le monde, il ne parlait que pour elle. — Elle ne comprenait pas, non pas qu'elle fût inintelligente. — Il ne lui aurait pas fallu dire deux fois le secret d'un entremets, ou la théorie d'un feston. — Elle avait *du jugement*. — Elle raisonnait tout au long avec ce petit bon sens, juste pour les oreilles communes, faux pour les oreilles exercées, — tactique aisée et sans courage, avec laquelle on rallie les opinions lâches. Souvent encore, devant un groupe hostile de gens âgés, il prenait la défense de la jeunesse, — la défense de mademoiselle de l'Étang', — elle ne le remerciait jamais d'un regard.

Toute générosité d'idée, toute audace d'esprit, tout débordement d'âme qui fertilise, — rentraient devant cette physionomie avare, circonspecte et stagnante. — Il parlait une langue morte pour elle. — Elle ne sentait pas le besoin d'idéaliser la vie, — comme l'imagination rêve, pour qu'il lui plaise, un pays qu'on va visiter. Aucune intimité n'amenait entre eux un de ces sujets d'un intérêt commun que deux jeunes gens abordent pour se connaître et qui sont la parabole de leur histoire; pour que l'affection jette l'ancre dans le cœur, il faut auparavant sonder la profondeur; il y a des natures qui sont des rochers à fleur d'eau, — mademoiselle de L'Etang n'avait pas cette propriété de sentiments et de pensées — domaine moral et accessible, par lequel on pénètre pour arriver petit à petit à cerner la personne elle-même. — Mais quand on parlait de l'espoir que donnaient les abricotiers pour l'an prochain — elle écoutait avec un intérêt soutenu.

Auparavant Raymond pensait que cette réserve générale qui laisse tout à deviner chez une jeune fille, était une gêne pour elle. Ah! quand elle pourrait délier sa vie, quelle liberté d'idées, que de vérités longtemps étouffées! quel dégagement de personnalité! quelle transfiguration! — Cette règle rigide ne la gênait pas, elle l'aidait. — Elle jouait le mutisme et n'avait rien à dire, la compression, et elle était le vide, l'esclavage, et elle n'avait l'instinct d'aucune indépendance.

Ces insignifiances, charmantes jadis, à cause de leur portée cachée, réduites maintenant à leur nullité stricte, irritaient Raymond. — Ce n'était plus deviner un rébus pour un rapprochement d'une minute, c'était deviner le rébus pour le rébus, avec cette sollicitude que ne causerait pas la mort d'un des devins. — Quand ils jouaient ensemble autrefois, une raillerie de contenance, un sourire qui se prenait dans une contraction de lèvres, un mot plus en l'air que le volant, et qu'on laissait tomber, les avertissait l'un l'autre qu'ils n'étaient pas la dupe de cette parade enfantine, *alibi* de la volonté. — Maintenant Raymond se croyait revenu à douze ans.

Mademoiselle de l'Étang, après avoir eu quelques *mauvais points* à l'école de la vie, apprenait maintenant l'avenir comme une leçon qu'elle transmettrait de même. — Certains mariages constituent une bigamie incestueuse; épouser la fille eut été moralement épouser la mère. — Le même *verbe* fait autre chair, — une métempsychose de la médiocrité, — une identité adéquate du cerveau — pas un atome en sus, pas une primeur d'idées, une nouveauté, une initiative, un élan. — La jeunesse physique, moins la jeunesse intérieure, — une sénilité printanière, — une vieille femme à qui une fée rendrait, de corps seulement, ses vingt ans, un pêcher en fleur portant les fruits de l'autre saison, rabougris, desséchés et pourris sur l'espalier. — Un petit esprit à la fois retors et droit, replié et court, posé et sans consistance, — liége et plomb; une de ces femmes qui, pour retrouver leur chemin, sèment leur marche de cailloux blancs. —

Le Code civil, qui a fait ses preuves de sens pratique, contient du mariage une définition noble et belle. Chez mademoiselle de L'Étang, l'idée de mariage ne gardait même pas sa poésie légale; — suivant un patois technique, elle voyait dans un *établissement*, un apothéose de vanité, beaucoup de robes à faire voir, d'envies à exciter, un ton d'autorité à prendre, des commandements à exercer. — L'homme à épouser, elle ne s'en occupait pas, c'était *le mariagier* qui produit le mariage; cependant, pour une fille honnête, il y a une double personne dans le mari; outre sa qualité de représentant du mariage, il est pour elle ce qu'était pour lui la première maîtresse. — Sauf l'inadmissibilité de Raymond, toute liberté d'élection n'était pas d'ailleurs formellement retirée à mademoiselle de L'Étang; — il faut excuser les femmes qui, voyant dans le mariage la liberté, tolèrent l'homme en faveur du principe.

Il y a chaque jour deux définitions appliquées du mariage; — ni l'une ni l'autre ne peut atteindre ces ménages misérables, où la vie morale est confisquée par les exigences journalières de la vie animale — gens qui ne vivent que pour réussir à exister.

Ou, c'est la camaraderie de deux êtres de sexe différent, qui font chacun provision de l'autre, pour satisfaire en toute commodité leurs plaisirs et leurs appétits, — et s'appareillent sans plus de façon, qu'on prend un pendant de vase chez un porcelainier. La perte d'un des époux, c'est un vase cassé qu'on remplace aussitôt. On balance religieusement les fortunes réciproques, valeurs bien portantes, valeurs en souffrance ; — la sanction de l'acte qui va lier deux existences, une fois donnée, c'est-à-dire, après l'apurement des comptes, les deux familles font chacune délivrance de leur enfant ; — il y a un mâle et une femelle, que demande-t-on de plus ? n'est-ce pas un couple parfait ? Qu'on ne craigne rien, ils sont bien constitués. On se sert, pour désigner cette juxta-position de deux sexes, du mot qui exprime l'intimité la plus délicate : *le mariage*. La vie privée a tous les jours ses *mariages républicains* de la Loire.

Ou bien, ce n'est plus une association industrielle, c'est l'union d'un homme et d'une femme qui, sans violer la loi divine, se sont choisis, se savent sympathiques, s'estiment et se font l'honneur de se préférer à ce qu'ils apportent ; — un besoin de bien-être moral est le premier mobile de leur rapprochement ; quoi de plus dégradant que le mariage des personnes par *inclination des choses !*

Pour Raymond le mariage avait toujours eu le caractère solennel d'une rénovation. — C'était la seconde part de la destinée, part intacte, et qui peut encore donner la richesse morale, quand on a gaspillé la première ; — c'était l'hygiène nouvelle, qui, la maladie prise à temps, peut conserver la santé de l'âme ; — une éclatante rupture avec le passé ; — le redressement des déviations, la rédemption des premières fautes, — la restitution à la destinée humaine de son vrai sens, — une seconde fortune tombée à un prodigue repentant. Après l'erreur, cette prison préventive de la raison, la vérité, cette liberté inaliénable.

A la place d'une vie accidentée, mais creuse, fragile et

mince comme un métal *repoussé*, commençait une existence simple, mais d'or massif, — gisement jusque-là inexploré, de sensations neuves, de voluptés incorruptibles, de bonheurs qui ne souillent pas. Pour vous guérir de votre premier état, cette lèpre morale, une femme de votre rang, vierge et belle, n'a qu'à vous toucher.

Si le mariage ainsi conçu n'était que la *reprise* de la vie antérieure, — le passé qui renoue avec vous pour toujours, comme une vieille maîtresse qu'on épouse; si les plaisirs tant de fois méprisés, les rassasiements grossiers, les vagabondages de l'âme et du corps sont la dot morale du contrat; — s'il n'y a pas ennoblissement des sens, dégagement des liens honteux, si l'air vicié doit vous poursuivre — alors à quoi bon le mariage? — qu'on ait au moins le paroxysme aigu d'une jouissance pervertie; — le soulagement de l'homme ivre à qui on rapporte du vin! — Quel supplice atroce! — l'accaparement vulgaire vous quittait à votre porte, maintenant vous le retrouvez à domicile! — La dernière chance de la vie perdue! plus d'autre perspective consolante que la dernière maladie!

Raymond croyait comprendre que mademoiselle de L'Étang ne se donnerait pas. — Elle était de ces filles à qui leur père dit un matin : *Vous épousez ce soir monsieur un tel*, et qui, sans l'excuse de la résignation, de l'absence de discernement, ou du défaut de volonté, — avec moins de résistance qu'une esclave aux marchés d'Orient, suivent leur premier maître. — Sans doute, il appartient à la famille de disposer de son enfant; mais à l'âge de mademoiselle de L'Étang, une jeune fille ne doit-elle pas avoir sa spontanéité, son droit d'élection, sa liberté de conscience, tout en soumettant sa volonté à la ratification de la famille? — Si encore elle eût agi par esprit de sacrifice; mais que penser d'une âme qui n'est pas même capable d'une de ces aspirations nobles qui satisfont à la fois le droit et le devoir ? — la liberté dans l'ordre. —Pas de romanesque, soit, mais pas de cynisme non plus. — Il y a pour une femme bien élevée, une certaine pudeur, un certain titre à l'estime, puisqu'elle ne montrerait pas à un ami, son pied déchaussé, à ne pas livrer sa nudité au premier venu.

Encore, si mademoiselle de L'Étang avait eu un secret bien gardé. — Raymond interrogeait quelquefois une vieille fille, dépôt mitoyen des secrets des deux maisons et qui était censée ne les recevoir que d'un côté, comme un intervalle mixte, séparant deux portes, dont l'une n'est ouverte que lorsque l'autre est fermée — figure en deux sens une armoire à un seul usage ; — c'était une de ces *suppléantes* de mère, pour qui une femme reste toujours l'*enfant gâté*.

— Pauvre petite, lui répondait-on, elle n'aime personne. — « Qui voulez-vous qu'elle aime? — Elle prendra celui qui se » présentera. Si elle avait une préférence, — ce serait pour un » militaire. »

Ah Dieu ! — les femmes qui aiment l'homme à cause de l'uniforme ! — qui ne feraient pas attention à un maréchal de France en habit noir, et qu'éblouit le sabre bien fourbi d'un maréchal des logis ! Ce belliqueux sentiment de fille de boutique, expliquait la nature ferrailleuse de mademoiselle de L'Étang. — Sa bravoure, à tout propos citée, tenait beaucoup du tapage commun et de la taquinerie féroce. Chez les femmes il ne faut pas que la bravoure soit insolente; cette attitude de maître d'armes, qu'elles croient d'une crânerie ravissante est un contre-sens ridicule, comme tout travestissement masculin. — Ce n'est pas parmi ces tempéraments bretteurs, qu'on trouverait les héroïsmes silencieux et sublimes, mademoiselle de Sombreuil par exemple.

Cette confidente du répertoire des deux familles avait dissuadé Raymond, de demander directement à mademoiselle de

L'Étang, un mot qui empêcherait tout temps perdu. Il lui semblait qu'après tout, sauf à lui rendre sa parole, si la famille faisait opposition, c'était d'elle-même qu'il fallait la tenir. Le premier consentement ne vient pas de celui qui donne, mais de celui qui est donné. — Il se produisait en effet une fiction grotesque. — A vingt-cinq ans, elle eût pu, depuis longtemps, être mariée, parler, agir en liberté ; tant qu'elle serait en puissance de parents, elle devait rester petite fille ; en France le mariage est la seule majorité des filles. — De là tant de vieilles filles qui font l'enfant ; la fiction les protége.

Puis il s'apercevait que ces prétentions de caste, devant lesquelles il se fût retiré avec respect, si elles eussent reposé sur un droit valant la peine d'être invoqué, — étaient aussi dures chez mademoiselle de L'Étang que dans la famille. — Quand Raymond énumérait toutes les volontés hostiles dont cette première cause de refus lui serait venue, — il ne faisait pas l'injure de comprendre parmi elles, mademoiselle de L'Étang ; — la famille, à un point de vue absolu, pouvait encore faire valoir ce titre, prescrit par trente ans d'une égalité de relations. — Mais elle, avec la générosité du coup d'œil de la jeunesse, devait-elle tenir compte de cette ligne à la craie qui les séparait, ligne effacée par le frottement ? — La qualité de Raymond, représentée par 20 francs en argent, la qualité de mademoiselle de L'Étang représentée par 20 francs en or, elle ne lui eût pas fait l'insignifiant sacrifice du change.

Enfin, humiliation douloureuse comme une ingratitude, — elle n'avait rien deviné ; une femme, à un signalement imperceptible pour tout le monde, reconnaît un homme qui l'aime. — Plus Raymond songeait à l'unité de son amour, à ce : *Qui vive?* du dévouement, toujours répondu, en quelle douceur plane, s'étaient fondues pour mademoiselle de L'Étang les aspérités de son caractère, à cette adulation charmante, à ces mille travaux d'Hercule de la passion, à ces preuves accablantes de son amour, plus il lui semblait impossible qu'elle n'eût pas depuis longtemps tout découvert. Parfois, quand il souriait, elle souriait comme deux esprits ayant une même pensée qu'ils n'osent pas dire. — Puis un mot en avant, forcé de reculer, un non sens de réplique, une manière d'être, tiède, qu'aucune parole ardente ou glacée, n'aurait échauffée ou refroidie — prouvaient qu'outre l'intelligence du cœur elle n'avait pas la compréhension de l'esprit.

Ainsi, cet édifice de la foi amoureuse, qui représentait la vie de son âme, il fallait le voir crouler pierre à pierre. Ainsi que pour les merveilles pieuses de l'art gothique aux mauvais jours de la Révolution, — mille faits, stupides comme autant de marteaux démolisseurs, frappaient sans pitié, au bruit des rires niais, — blasphèmes de l'intelligence ! Tout l'ouvragement extérieur, les dentelures, les broderies frêles, les sculptures délicates, tombaient d'abord vite amputées, puis, dénudation douloureuse, apparaissait pour s'abîmer le squelette robuste du monument, puis enfin tout s'effaçait jusqu'à la pensée de l'œuvre; ces douces lueurs de l'âme mystérieuses et veloutées, comme un reflet d'images de mille couleurs, une banale lumière les chassait, comme après le sanctuaire démoli, un jour entier et brutal prend la place du demi-jour tendre, recueilli et fleuré; ces architectures élégantes, ces aménagements savants, ces retraites de la vue, ce n'était plus qu'une espace vide. — Quelques-uns de ces décombres devaient rester, comme ces choses qui ne peuvent pas mourir, mais qui passent d'une destination noble, à quelque usage bas. — Le reste faisait de la poussière dans le néant.

Ce sentiment d'infini, caractère de la physionomie de mademoiselle de L'Étang, subsistait mais dénaturé; il assurait maintenant la durée d'expression de la vulgarité; sur un visage dont le charme est borné, l'impression pénible de la vulgarité tombe avec le charme ; là, c'était un type devant éternellement rappeler un idéal manqué. Elle aimait toujours le théâtre, une des échappées par lesquelles il espérait qu'elle entrerait dans la vie intelligente. Maintenant, là où son rire se prolongeait le plus, Raymond ressentait une sorte de commotion haineuse. Le théâtre est l'épreuve publique des intellectualités médiocres. — Elle avait gardé — mais comme on garde une robe devenue trop courte, — cette immatérialité de l'adolescence qui joue avec la vie ; — à peine, comme autrefois, assistait-elle au dîner ; — vieille fille qui a l'air de dire : *Je suis petit oiseau;* variations de sylphe sur ce thème : *Je n'ai jamais faim !*

Eux qui s'entendaient jadis sur toutes choses, parce qu'ils avaient eu un même point de départ, ne se rencontraient plus maintenant que comme des voyageurs qui vont en sens inverse. — Encore rebroussait-il chemin pour la retrouver un instant. — Rien de ce qui avait commencé la sympathie ne s'était continué ; cette suavité ambiante tournait à l'âcreté. Il la supposait maintenant dans ce déluge d'afflictions dont elle eût été l'arche ; — il sentait qu'elle avait perdu ce privilége d'être un bonheur égal à toutes les adversités. — Cette source salutaire maintenant tarie, l'air se corrompait autour de lui ; maintenant que s'était brisée cette branche de croyance — qui l'avait arrêté au milieu du scepticisme, il roulait de manière à ne plus pouvoir remonter. — Si cette confiance, obtenue à la longue, l'avait trompé, à qui pourrait-il croire encore ? Jadis il ne voyait la vie qu'en deçà de mademoiselle de L'Étang ; maintenant la vie ne commençait plus qu'au delà : comme ces villes dont la vie se déplace et ne commence plus qu'au delà de leur centre primitif.

Ces trois figures de femme qui autrefois lui paraissaient humblement relever de mademoiselle de L'Étang, — comme trois vins affaiblis, faits avec un même crû — reprenaient maintenant leur originalité. — Mademoiselle de L'Étang en était le triple plagiat — comme trois vins mélangés forment un vin frelaté. — Aucune de ces trois femmes n'avait autant menti à sa physionomie. Jadis mademoiselle de L'Étang représentait quelque chose de supérieur, au grand côté de Paris — elle ne figurait plus maintenant que le petit côté de la province. Il ne pouvait, autrefois, poursuivre une rêverie ou une action sans être ramené à elle ; maintenant elle entravait la marche de son esprit ; elle l'aurait empêché d'être lui-même ; il disait à présent : *Je pense, donc elle n'est pas.*

Et cependant l'édifice aboli, — restait encore le sol mal déblayé où s'était élevé cet amour, puis de ces fondations d'enfance, qu'aucune destruction n'atteint. Comment quitter ce lieu adoré, place tiède de l'illusion ? où aller ? — Puis, malgré lui, les yeux du cœur relevaient tout cet écroulement ; il se heurtait à un mur imaginaire ; à tout prix il fallait remuer de fond en comble ce terrain, perdre la trace de cet amour, ou bien, si sa vie était là quand même, savoir s'il avait le droit de vivre dans ces ruines. — Il se résolut donc à demander à mademoiselle de L'Etang le mot qui ratifierait cette anticipation du cœur, ou le débouterait de son amour.

XI

Un après-midi de septembre, mesdames de L'Étang, et un vieux ménage un et indivisible, voulurent faire, sous la protection de Raymond, une reconnaissance dans les environs du château de St-T*** : le ciel, les arbres, le sol avaient une teinte dorée et calme, la route choisie semblait suivre la piste d'un arome de fruits mûrs, arome domestique ou sauvage. — On se mit en marche; Raymond, qui d'abord donnait le bras à une cinquantaine d'années, se dégagea bientôt à la faveur de fatigantes solutions de continuité, — une robe accrochée à une épine, un sentier exigu, et se retrouva naturellement à deux pas de mademoiselle de L'Étang, qui était en avant. — On arriva à une double rangée de peupliers alternés d'acacias et qui bordait à droite et à gauche le talus d'un canal. — A l'horizon tout ce feuillage tournait avec la courbe de l'eau. — Une cuisson de soleil, en nécessitant un jeu d'ombrelles, laissait un peu plus d'abandon aux conversations et aux regards; des fleurs isolées poussant çà et là, pour des bouquets à venir, obligeaient presque à se baisser. — Le vent, qu'on fendait, chiffonnait la chemisette de mademoiselle de L'Étang, et comme deux mains voluptueuses, découvrait les angles ronds de son front charmant; — il y avait place pour mille futilités amoureuses. — Raymond et mademoiselle de L'Étang, surveillés n'osaient trop s'aventurer. Madame de L'Étang criait : « Paule. » Et tous deux ralentissaient le pas. — Ils ne se touchaient qu'au cahot du chemin. — Officiellement Raymond parlait pour tout le monde avec la même expression dans les yeux; — puis survenait un coup de vent ; les rubans aveuglaient au visage en flottant, les ombrelles s'emportaient, — un peu de tumulte couvrait la voix. Le vent jouait alors, autour de ce groupe de Bartholos, le rôle de Figaro, quand il tousse, fredonne, circonvient avec une pétulance de vif-argent, le tuteur de Rosine. — Raymond avait le temps de changer de regard, et d'envoyer à mademoiselle de L'Étang, quelques mots personnels. — Tout à coup, on le réclama pour organiser une halte; chacun s'arrêta, excepté mademoiselle de L'Étang, qui s'était éloignée si doucement qu'on n'avait pas fait attention à elle, puis on crut d'abord qu'elle allait revenir, mais, quand on la vit poursuivre avec une vitesse croissante, une salve d'injonctions la rappela ; le son de la voix dirigé contre le vent n'avait pas de portée. — Bientôt on n'aperçut plus qu'un balancement de robe régulier, s'amoindrissant à mesure et que supprima tout à fait le détour du talus. — Tout le monde était très-fatigué; on se trouvait à une demi-lieue du château, et tout au plus à mi-chemin de mademoiselle de L'Étang, il n'y avait là à espérer aucune voiture ; encore s'il était passé de quoi refaire la *fable du Meunier son Fils et l'Ane!* — On attendit longtemps, puis l'air fraîchit, la cloche du château sonna le dîner, il fallait partir ; — on ne pouvait pas laisser mademoiselle de L'Étang revenir seule ; il était inutile de compter sur le mari, — parisien routinier, qui avait des bottes de sept lieues à Paris et qui en rase campagne ne valait pas le Petit Poucet. — Il fallut bien qu'on se décidât à envoyer Raymond au-devant de mademoiselle de L'Étang ; — tous les regards devaient, en se combinant pour le suivre, produire la disposition d'un télescope. — Il courut, d'abord, pendant deux cents pas, pour retrouver sa liberté, et se parler à lui-même sans être entendu ; puis arrivé à un point qui faisait avec le point opposé de la courbe du canal, la corde de l'arc, il apperçut mademoiselle de L'Étang qui se retournait. — Il lui fit signe de revenir ; elle comprit, et ils se dirigèrent l'un vers l'autre.

L'occasion se présentait donc impérieuse comme une dernière sommation, de vérifier enfin l'existence de tout un monde d'amour, créé par l'inconnu. Un moment propice et solennel était donné à Raymond pour apprendre le résultat de cette longue délibération, qu'avaient dû faire dans l'âme de mademoiselle de L'Étang, actes, pensées, prévisions, souvenirs, intuitions, retours. Ils allaient être face à face, non pas dans cette fausse solitude d'un salon, où tout représente les parents absents, jusqu'à la disposition des chaises qu'ils viennent de quitter, où l'on subit l'influence du lieu, où tout répercute l'offense, où la peur d'être surpris étouffe un second mouvement favorable, — mais en pleins champs, où l'espace ne garde pas une parole imprudente, où ils ne pouvaient s'occuper que d'eux-mêmes, où le silence environnant accueille attentivement chaque parole, où, pour un instant, disparaissent toutes les personnalités étrangères.

Il fallait donc oser parler enfin, et le premier mot devait commencer l'aveu, tout autre créait un précédent, continuait la pensée, empêchait l'effet.

Si près de cette minute qui allait suffire pour perdre ou gagner à jamais mademoiselle de L'Étang, Raymond sentit à une angoisse étouffante, que l'action seule révèle les vrais sentiments, — il avait jugé avec l'esprit, et révoquait le jugement avec le cœur; on ne se défait pas, comme on se l'était promis, d'une passion invétérée, on ne jette pas dans un instant le capital de six années. — La tendresse a des profondeurs ignorées, qu'il faut bien de la terre rapportée pour combler. — Contradiction bizarre, après toutes les déceptions, après toutes les raisons d'amour disparues, après tous les dégoûts, il lui semblait qu'il ne l'avait jamais tant aimée. — Comme après une longue maladie la plus grave, se produit un bien-être subit, qui est un signal de résurrection ou de mort. — D'ailleurs, était-il si sûr de ne pas s'être excité lui-même à se tromper? Ne s'était-il pas contenté de probabilités; ne l'avait-il pas condamnée trop tôt? — Ce premier acte de personnalité, chez mademoiselle de L'Etang, cette désertion, n'était-elle pas la désertion de la vie ancienne. — L'amour de Raymond renaissait, le jour peut-être où la raison en renaissait aussi.

Il y eut une sorte de tiraillement violent en lui-même; — comme on hésite à dire, — quand il s'agit d'une vérité qui peut être terrible : *Que la lumière soit.* — Puis son amour monté au cerveau l'emporta; il la vit dans une sorte d'éblouissement qui supprimait tout ce qui n'était pas elle. — Il comptait, sinon sur la conformité d'âme, au moins sur l'esprit de mademoiselle de L'Étang; — il marcha donc à elle, le visage pâlissant ardemment, la voix, qui n'est plus que l'âme en vibration, les yeux couleur de sa pensée. — Il ouvrait la bouche pour lui dire : — *Mais je vous aime, m'aimez-vous?* une sorte d'instinct de conservation retint sa parole à demi tombée ; il venait, par une intuition irréfutable, de lire dans la physionomie de mademoiselle de L'Étang, cette réponse, horrible et bouffonne comme un assassinat commis avec un couteau d'enfant :

— *Je vais aller tout dire à maman.*

Cet amour, laissé à temps dans le vague, pouvait garder un charme réel. — Raymond ne voulut pas que ce fût lui-même qui provoquât, à cette action si longtemps noble un dénoûment ridicule, — trivialité d'une minute qui eût fait la parodie de dix années d'une passion noble.

Raymond dit les premières inutilités venues ; les banalités de bonne foi que répondit mademoiselle de L'Étang, l'avertirent, par le frémissement intérieur qu'elles lui causèrent, qu'il venait d'éviter un grand péril. — Jamais elle n'avait été plus loin du point vers lequel elle semblait avoir fait une conversion. Elle s'était approchée, à bout portant, de cet idéal pour mieux le tuer. — Cette émigration superbe était une fausse sortie ; une vengeance générale de menus griefs. — Au bout d'un instant, Raymond n'eut plus la force de parler ; il se fit un silence interrompu seulement par des interjections révoltées de mademoiselle de L'Étang. Elle était tout entière au petit tour qu'elle venait de jouer. — Ce mouvement de spontanéité n'aurait pas mis la moindre initiative dans ses idées, elle n'aurait pas eu la liberté d'esprit de sa liberté de fait. — Seule avec Raymond, dans une île déserte, — elle eût été *le Robinson de douze ans*, de la niaiserie.

On les reçut tous deux, avec des regards sombres ; — amas de nuages noirs qui creva en imprécations. — Mademoiselle de L'Étang était une vieille enfant ; on la gronda comme on gronde une petite fille qui est allée seule sans sa bonne. — Elle bouda. — On dut la mettre à la petite table du *banquet de la vie*, et elle dut par ricochet mettre *au pain sec* sa poupée,— maternité de carton qu'elle cachait soigneusement sans doute, mais sans aller jusqu'à l'infanticide.

Raymond fut décrété en état de suspicion. On parut penser qu'il avait donné de *mauvais conseils*.—Il fut le martyr de mille chuchottements. — Cette défiance manifeste avec toute autre femme eût profité à Raymond ; — elle n'éclaira même pas mademoiselle de L'Étang ; tout le monde pouvait comprendre qu'elle devait produire l'amour, excepté elle.

Ainsi, ce que Raymond avait pu si longtemps prendre pour une réciprocité tacite de sentiments, c'était tout au plus une amicalité banale. — Ces avances innocentes, ces sollicitudes, ces engagements du regard, cette confiance en lui, sorte de crédit illimité de l'amour, ces fleurs offertes, ces révélations enfantines des compagnes de mademoiselle de L'Étang — tout cela n'était qu'une méprise grossière. — Par une confusion qui prouvait la non-conscience des affections, elle avait pris l'attitude d'une femme qui aime. — Elle imitait ces gens qui voulant dire une politesse, font presque une déclaration. — Par coquetterie, peut-être, eût-ce été une grâce, par indifférence particulière pour lui, ou par amour possible pour quelque autre. Raymond lui eût pardonné — ou l'eût vite détestée; c'était par un motif plus triste — l'absence de la faculté de l'amour. — Qu'y avait-il à faire ? — Ni à haïr, ni à se plaindre. Il s'était trompé, voilà tout, sans que son amour-propre ni même son cœur pût souffrir. — Cette non-vialabilité de l'âme suspendait toute poursuite. — Là où il n'y a plus qu'une ombre — on ne peut rien regretter. En face d'une peinture magnifique, on ne s'irrite pas contre un aveugle.

A partir de ce jour, Raymond recouvra subitement, une sérénité d'esprit et de cœur, sensation oubliée depuis l'enfance. Il ne parla plus que sur ce ton poli du persiflage convenu, — qui prouve qu'aucun lien n'existe et qui d'ailleurs ne laisse à aucun lien le temps de se former. Il se sentait une légèreté extraordinaire, il renaissait à la liberté, il ne pouvait croire à cette métamorphose, il était dans l'enivrement d'un convalescent qui sort pour la première fois, après six ans de captivité ; les femmes, que cet amour porté comme un anneau magique, rendait invisibles pour lui, réapparaissaient charmantes, la vie avait mille perspectives, — cette passion opaque qui voilait l'avenir, le découvrait séduisant, varié, plein d'espoirs. Toute abstraction avait disparu ; ce fluide que l'amour fait sortir d'une femme aimée, n'agissant plus, le charme se rompait ; le regard de mademoiselle de L'Etang le laissait paisible, sa voix ne lui causait aucun tressaillement; la continuité de l'amour n'existait plus ; — Les premiers soirs, il veilla son amour en regardant mademoiselle de L'Étang, comme on veille une personne aimée et morte.

Pour la première fois, il vécut loin d'elle, elle présente. — Elle avait cessé d'habiter sa pensée ; les promenades tant désirées jadis, se faisaient sans lui ; — cet acte de présence, qui est la vigilance de l'amour, n'était plus nécessaire ; — il ne restait plus au salon, préférant à tout plaisir d'être où elle était. — Jusques au milieu des tentations de Paris, elle l'avait retenu. — Il s'éloigna même pendant quelques jours ; sans dépit, sans réaction, sans parti pris, mademoiselle de L'Étang rentra dans la foule des gens qu'on supprime dans l'arithmétique des affections, comme les zéros dans le calcul ordinaire. Il sentait un grand bonheur à jouir de sa liberté juste en face de sa prison. — Quant à elle, rien ne l'inquiétait, — cette révolution morale ne lui faisait aucune impression. — Chez certaines âmes sèches, la sensibilité n'existe même pas à l'état d'hygrométrie. Quand elle partit, il lui sembla qu'elle n'avait jamais existé.

XII

Dans les natures d'équilibre, qui n'ont ni vocation animale, ni vocation spirituelle, il existe, jusqu'à l'expiration de l'adolescence, — ce noviciat de la jeunesse, une latitude pour la destination assignable à l'être moral ; l'âme, surtout dans un corps qui a déjà la beauté d'ordre intelligent, a vaguement le choix de son parcours terrestre ; deux instincts contradictoires l'attendent au point de bifurcation de deux existences ; l'instinct favorisé l'engagera dans la voie définitive.

Si le temps d'épreuve se décompose ainsi : vulgaire alimentation morale, qui à la longue produit une assimilation fatale, absence de lecture, rouillement du mécanisme intellectuel, qui use le cerveau, plus qu'un jeu forcé ; dévolution totale de la pensée au remplissage de la vie, détournement de ce sentiment d'infini, qui repose, retrempe et ajoute les intérêts à la somme des forces acquises, refoulement continu et bref de toutes les spontanéités ; — l'être en fusion se trouve solidifié dans l'existence machinale, épaisse, pleine d'obscurcissements, sans essor, sans renouvellement, sans progrès; la beauté, et cette influence du moral sur le physique a donc plus d'importance pour l'étude, chez les femmes; — la beauté abandonnée à elle-même, dure ce qu'elle peut ; nul principe intérieur ne l'épure, ne l'alimente, ne la définit. Le regard n'est plus que l'organe de la vue, la voix a le son sourd et borné des idées. Une sorte d'induration générale empêche la transparence de l'âme ; l'effet de la beauté, au lieu d'être un sentiment, n'est plus qu'une sensation.

Au contraire, quand la prédominance est donnée au principe spirituel, dans une sphère d'idées larges, avec une certaine liberté de jugement et d'action, par l'exercice de la pensée, la curiosité de l'esprit, la compréhension élevée de la vie réelle, la portée du caractère étendue jusqu'au besoin d'idéal, l'attention réservée aux choses nobles, l'âme impose son empreinte au tissu élastique de la chair. Combien de laideurs qui ne sont que le masque de verre de la beauté morale ! — Les chances de la vie supérieure sont plus grandes, quand le récipient de l'âme est déjà un moule tout fait ; les yeux disposés pour recevoir la lumière, le sourire pour être l'esprit à fleur de lèvre ; le visage prêt à tout traduire — elle n'a qu'à se conformer au dessin extérieur. Il ne faut pas parler de ces êtres inertes et magnifiques, changés dès l'enfance en statues imposantes de la nullité ; mais de ceux qui ont le signalement dérisoire des natures choisies : ânes qui semblent s'être fait écorcher pour revêtir la peau du lion ! — L'être alors entre dans une existence ascendante, sereine, lucide, conduisant aux révélations, à la science du monde, à la connaissance de soi-même, à la perfectibilité indéfinie. La beauté en s'idéalisant se complète ; les éléments qui tendent à se dissoudre trouvent dans la vitalité intérieure, un principe de cohésion ; on ne peut plus séparer le charme physique du charme moral ; le point où commence la passion charnelle n'est plus saisissable ; la clarté du dedans ne quitte plus le regard, et quand elle n'embrase plus, éclaire, soleil de juin ou soleil de décembre ; — la physionomie prend mille variétés de beauté ; la chair brisée, repétrie n'est plus que le vêtement de l'âme ; et la grâce avec laquelle elle le porte, fait la grâce corporelle, c'est bien la créature faite à l'image de Dieu ; — une femme que la beauté extérieure délaisse se dit : *Je serai belle,* et de par le principe immortel qui combat le principe de destruction pour quelques heures, elle remonte le passé.

Mademoiselle de L'Étang pouvait devenir une femme *selon l'esprit* ; qu'on n'entende pas ce mot dans un sens niais : la poésie de sa personne, pouvait faire la poésie de sa vie. Ces yeux taillés pour cristalliser la lumière étaient préparés pour devenir les diamants de l'âme ; cette bouche délicieuse ne devait laisser passer, et cette voix spirituelle ne devait conduire que les paroles exquises. Cette grâce innée la menait à l'harmonie de l'âme et du corps ; cette physionomie mobile, semblait destinée à mille expressions charmantes ; cette blancheur, un peu de feu intérieur, pouvait l'entretenir. Sa beauté pouvait grandir en caractère, avec l'exhaussement moral, se prolonger par la résistance intérieure. — Il n'aurait pas fallu un héros pour cela, seulement un homme, qui, à l'heure voulue, l'initiât à la vie d'intelligence ; Raymond avec le zèle de son amour y eût réussi.

Il était trop tard maintenant, cette obligation qu'elle n'avait jamais eue de penser et d'agir par elle-même, cet encouragement de passivité, cette impossibilité d'initiative, ce manque de contact avec toute idée hardie, avaient déterminé l'avénement de l'instinct de la vie vulgaire. Ce monde entrevu jadis, dans une lueur de prescience, maintenant, on le lui aurait expliqué en vain ; — peut-être l'eût-elle haï sans le comprendre ; ce temps était passé, pendant lequel on peut dire *qu'une femme est ce que son mari la fait*. — A vingt-cinq ans, l'œuvre de la jeunesse demeure incommutable, la période des transformations est close.

Un rien, un atome *non-crochu*, s'était opposé à la jonction de ces deux organisations dont la plus forte eût entraîné l'autre dans son essor. Les PETITES INÉGALITÉS, comme toujours, avaient été un grand empêchement. Maintenant, Raymond et mademoiselle de L'Étang étaient aux deux pôles du monde moral, et, selon toute hypothèse, ils étaient perdus l'un pour l'autre.

FIN.

www.ingramcontent.com/pod-product-compliance
Lightning Source LLC
Chambersburg PA
CBHW070657170426
43200CB00010B/2270